mdv

Bernd Kaufholz

Tod unterm Hexentanzplatz

Spektakuläre Kriminalfälle aus Sachsen-Anhalt

mdv Mitteldeutscher Verlag

Das Buch entstand mit freundlicher Unterstützung des Innenministeriums Sachsen-Anhalt. An der Serie „Historische Kriminalfälle" wirkte Polizeihauptkommissar Steffen Claus vom Kriminalmuseum der Fachhochschule Polizei in Aschersleben mit.

Vorwort

Der rasende Reporter ist der ideale Journalist: er recherchiert selber, schaut genau hin und verläßt sich nicht allein auf Informationen, die andere ihm zustecken. Seine Leser verblüfft der Reporter ein ums andere Mal: Neu ist das meiste, was er präsentiert: vieles überraschend, manches sogar sensationell.

Hinreißend lesen sich auch die Reportagen über die spektakulären Kriminalfälle in unserer Heimat Sachsen-Anhalt, doch sie verbergen die Arbeit, die dahintersteckt. So brauchte unser Chefreporter Bernd Kaufholz ein halbes Jahr, bevor er 1995 den ersten ungeklärten Kriminalfall in der „Volksstimme" veröffentlichte: Er mußte sich durch Hunderte von Akten wühlen, Dutzende Gespräche mit Zeugen, Polizisten und Staatsanwälten führen, Tatorte besichtigen; dem Sammeln der Informationen folgte das Sichten: Tausende von Details, Gesprächsnotizen und Beobachtungen mußten ausgewertet werden – ehe Bernd Kaufholz seine erste Reportage schreiben konnte.

Die Leser waren so begeistert, daß 1996 die zweite Folge der „ungeklärten Verbrechen" erschien. Zum ersten Mal hatte der „Volksstimme"-

Reporter auch in DDR-Akten geblättert und konnte so über wenig bekannte Fälle berichten, die die Zeitung ihren Lesern vor 1989 nur in Bruchstücken zugemutet hatte.

Seit 1995 erschienen jeweils im Sommer die Kriminal-Reportagen – aufgeklärte und noch offene Fälle – und ein Ende der erfolgreichen Serie ist nicht absehbar. Da immer mehr Leser baten, ihnen doch ältere Folgen zuzuschicken, haben wir uns etschlossen, die Reportagen als Buch herauszugeben, überarbeitet selbstverständlich, denn einige ungelöste Verbrechen sind mittlerweile gelöst, bei anderen haben sich neue Aspekte ergeben – auch als Folge der Reportage in der „Volksstimme".

Paul-Josef Raue,
Chefredakteur

Geleitwort des Innenministers

Die Untersuchung aufsehenerregender Kriminalfälle, aber auch tägliche Routine sind Facetten polizeilicher Arbeit. Obwohl für die meisten Menschen der polizeiliche Einsatz zur Bekämpfung der Alltagskriminalität direkt spürbar und für die große Mehrheit der Bevölkerung auch bedeutsamer ist, stehen meist Kapitalverbrechen stärker im Mittelpunkt des öffentlichen Interesses. Im vorliegenden Buch werden einige der spektakulärsten Fälle beschrieben, die von der Polizei des Landes Sachsen-Anhalt bzw. der früheren Bezirke Magdeburg und Halle aufgedeckt wurden. Sie verdeutlichen die Bandbreite krimineller Handlungen, aber auch das unablässige Bemühen der Polizei, die Verbrechen aufzuklären und die Täter festzunehmen. Die Straftaten und ihre Folgen zeigen zugleich, daß Verbrechen viel Leid bei Opfern und Angehörigen verursachen, aber auch, daß sie sich für Täter nicht lohnen. Um der Öffentlichkeit all dies zu verdeutlichen, hat die Polizei, insbesondere das Landeskriminalamt, die Polizeidirektionen des Landes und die Polizeischule in Aschersleben, bei der Aufzeichnung dieser authentischen Fälle mitgewirkt.

Den Leserinnen und Lesern wünsche ich eine spannende Unterhaltung und die Festigung der Einsicht: Ehrlich währt am längsten.

Ihr

Dr. Manfred Püchel
Minister des Innern des Landes Sachsen-Anhalt

Kapitel 1

Historische Kriminalfälle

Die Morde des „doofen Bruno"

Am Abend des 28. April 1932 geht es im „Alten Schützenhaus" von Bitterfeld wieder hoch her. Im „Verkehrslokal der Frauen, die der gewerblichen Unzucht nachgehen", wie die Kneipe im Polizeideutsch heißt, wird getrunken, gesungen, getanzt und gezockt. Unter den Damen des horizontalen Gewerbes ist auch die 31jährige Maria Müller. Sie hat sich einen jungen Freier geangelt, mit dem sie den ganzen Abend verbringt. Kurz vor Mitternacht verläßt das Pärchen gutgelaunt die Gaststätte.

Am nächsten Morgen um 10 Uhr macht ein Arbeiter in der Bitterfelder Leopoldgrube einen grausigen Fund. In einem sumpfigen Flutgraben liegt eine Frauenleiche. Ober- und Unterbekleidung sind bis über die Hüften gestreift, am Hals sichtbare Würgemale. Es ist Maria Müller. Laut Polizeibericht hat etwa sieben Meter vom Fundort entfernt ein „erbitterter Kampf" stattgefunden. Anschließend habe der Mörder sein Opfer in den Graben geschleift. Elf Jahre lang bleibt der Fall ungeklärt.

Im April 1932 wurde in der Bitterfelder Leopoldgrube die Leiche der Prostituierten Maria Müller gefunden.

1943 nimmt die Kripo den 35jährigen Bruno Lüdge aus Berlin-Köpenick fest. Und es scheint so, als ob durch diesen „Glücksgriff" nun endlich Licht in den Hurenmord von Bitterfeld kommt. Genauso wie in weitere 83 Frauenmorde in ganz Deutschland.

Der „doofe Bruno", wie er in seinen Kreisen nur genannt wird, war hin und wieder durch „zotige, unsittliche Redensarten gegen Frauen" aufgefallen. Und da der Kleinkriminelle auch sonst schon einiges auf dem Kerbholz hat wie Tierquälerei und Holzdiebstahl, sehen Kriminalisten, die durch die vielen ungeklärten Fälle unter Druck geraten sind, in ihm einen willkommenen Täter. Die Stimmen der Beamten, die schon länger mit Lüdge zu tun haben und warnen, daß der „arme Irre keiner Fliege was zuleide tun kann", verhallen ungehört.

In der Untersuchungshaft beginnt der Mann mit der „niedrigen Intelligenz" zu plaudern. Über Nacht gesteht er einen Mord nach dem anderen. Das „Spiel", was später niemand mehr bezeugen kann oder will, läuft immer nach dem gleichen Muster ab: Lüdge bekommt Fragen gestellt, die ihn nicht überfordern, und er antwortet. Augenscheinlich ist, daß seine Aussagen beinahe identisch mit den Ermittlungsergebnissen und den Tatortberichten der jeweiligen Fälle sind. Nicht mehr und nicht weniger.

Bruno Lüdges Fotos in der Polizeiakte

84 Taten zwischen 1924 und 1943 gesteht Bruno Lüdge mit der Zeit. Und niemand wundert sich darüber, daß der „arme Irre" über 20 Jahre lang nie einen Fehler gemacht, nie einen Fingerabdruck oder eine Fuß-

spur hinterlassen hat. Er muß wie ein Phantom zu Werke gegangen sein, denn er wurde nie von einem Zeugen gesehen oder wiedererkannt.

Allein in den vier Aktenbänden im Kriminalarchiv der Polizei-Fachhochschule von Aschersleben sind seine Geständnisse zu 54 Frauenmorden und drei Mordversuchen festgehalten. Eine seiner Aussagen betrifft auch einen weiteren Fall in Sachsen-Anhalt – den Mord im Jagen 68 im Kreis Jerichow II.

Am 17. Januar 1943 hatte die Hausangestellte Luise Hosang ihren Schwiegersohn im Lazarett von Gottesstiege am Ortsrand von Genthin besucht. Beim Abschied sagt die 39jährige, daß sie die wenigen Kilometer bis nach Hause durch den Wald gehen will. Sie kommt jedoch nie in Genthin an.

Am 10. April 1943 findet ein Holzsammler gegen 18 Uhr im Jagen 69 des Staatsforstes bei Gottesstiege den Körper einer Frau. Der Leichnam ist mit Moos und Kiefernnadeln bedeckt und lediglich mit Unterwäsche und Strümpfen bekleidet. Um den Hals ist ein Lederriemen fest zusammengezogen. Die Polizei ermittelt das Nachbar-Jagen 68 als Tatort.

Auch Luise Hosang will der „doofe Bruno" „totgemacht" haben. „Den genauen Zeitpunkt kann ich nicht mehr sagen", so der Redselige bei seinem Geständnis vor seinem Lieblingsvernehmer. Die Mordkommission Magdeburg hat allerdings einen ganz anderen Verdächtigen im Visier und sogar schon festgenommen. Und die Beamten an der Elbe stämmen sich zuerst mit aller Macht dagegen, den Fall nach Berlin abzugeben. Doch es bleibt ihnen nichts anderes übrig. Nachdem Lüdge auch den Genthiner Mord zugegeben hat, müssen sie ihren eigenen Verdächtigen freilassen.

Derweil geht die Berliner Kripo mit Bruno weiter auf Massenmord-Aufklärungstournee: Hamburg, Bremen, Leipzig, Stettin, Halle. Überall führt Lüdge vor, wie er das mit den Frauen gemacht hat. Seine Vernehmer halten ihn bei Laune: Ja, Weihnachten werde er wieder zu Hause sein. Bruno geht es gut, und für die freundliche Behandlung revanchiert er sich mit weiteren Geständnissen: „In Bitterfeld und Dessau habe ich auch Frauen allegemacht."

Am 11. Dezember 1943 wird Bruno Lüdge ins Zentralinstitut der Sicherheitspolizei nach Wien zu psychologisch-psychiatrischen Testzwecken überführt. Das, was er zuvor gestanden hat, ist wie weggeblasen. Denn da ist niemand mehr, der Nacht für Nacht sein Gedächtnis auffrischt. Er redet wirr, und die Wissenschaftler sind sich schnell darüber einig, daß ein Prozeß mit einer Blamage enden würde.

Vier Monate später gibt die Wiener Polizei eine kurze Mitteilung an die Presse: „Lüdge ist am 8. April 1944 um 15 Uhr im Polizeigefängnis Wien nach kurzer, schwerer Krankheit verstorben." Man hatte ihm zehn Kubikzentimeter Zyankali gespritzt und ihn somit für immer zum Schweigen gebracht. Die Akte „Bruno Lüdge" wird zur „Geheimen Reichssache" erklärt.

Doch der Mythos und der mehr als berechtigte Zweifel, ob der Debile all die Frauen wirklich umgebracht hat, leben weiter. Nicht zuletzt auf Grund des Filmes, der 1960 mit dem Bundesfilmpreis ausgezeichnet wurde und den Titel trägt „Nachts, wenn der Teufel kam".

Der Hammermord an Schranke 33

Besonders gut gelaunt ist Schrankenwärter K. an diesem Neujahrsmorgen nicht. „Die anderen können nach der Silvesterfeier ausschlafen", brummt er vor sich hin, als er seine Wohnung in Aschersleben verläßt. „Ich stehe um 6 Uhr schon wieder an der Schranke."

Seine Laune wird auch auf dem Weg zur Arbeitsstelle, dem Bahnübergang am „Langwagen", nicht besser. Im Gegenteil, er muß sich in Kleinschierstedt sogar noch mit einem Angetrunkenen herumstreiten, der ein Mädchen auf der Straße belästigt. Der Bahnbeamte begleitet die Verängstigte erst nach Hause und ist deshalb etwas spät dran. Zu allem Unglück gibt noch seine Fahrradlampe den Geist auf. Da ahnt der Reichsbahner noch nicht, daß es an diesem 1. Januar 1935 noch viel schlimmer kommen wird.

Als er sein Rad hinter das Bahnwärterhäuschen 33 am Übergang Kleinschierstedt, nahe dem Ortsausgang von Aschersleben, schiebt, stürzt er im Dunkeln beinahe über ein Bündel. Er bückt sich und wird starr vor Schreck. Vor ihm liegt sein Kollege Theodor Keitel – den zertrümmerten Kopf in einer großen Blutlache. Der offensichtlich Erschlagene hat noch eine halbe Zigarre in der rechten Hand. Neben dem Toten liegt die Handlampe, die ein Schrankenwärter laut Vorschrift nachts bei sich haben muß, während der Zug vorbeifährt.

Nachdem sich K. vom ersten Schreck erholt hat, ruft er seinen Kollegen am Schrankenposten 32 an, der gerade den Tagesdienst angetreten hat. Dieser benachrichtigt seine vorgesetzte Dienststelle und die Polizei. In den Vormittagsstunden treffen Beamte der Staatsanwaltschaft Bernburg und der Landeskriminalpolizei Magdeburg am Tatort ein. Die Kriminalisten führen ihre Ermittlungen vom „Schulzenamt" Kleinschierstedt aus.

Schon nach kurzer Zeit wird das Tatwerkzeug entdeckt: Es ist ein acht Pfund schwerer sogenannter Schienenhammer, der seinen Platz an der Rückwand des Bahnhäuschens hat. Der Hammer ist blutverschmiert. Nach der Tat hatte ihn der Mörder wieder an seinen Platz gehängt. Voller Blutspritzer ist auch die Vorderfront der Wärterbude 33.

Die Tatzeit wird schnell ermittelt. Als um 4.51 Uhr der Triebwagen Güsten-Aschersleben die Schranke 33 passierte, stand nach Aussage des Zugführers der Bahnwärter noch vor der Tür und gab das vorgeschriebene Signal. Um 4.53 Uhr fragte Keitel in der Blockstelle Aschersleben

Das Bahnwärterhäuschen 33 am Bahnübergang Kleinschierstedt bei Aschersleben

telefonisch nach der Uhrzeit. Als um 5.15 Uhr der Gegenzug am „Langenwagen" vorüberfährt, fehlt das Signal des Schrankenpostens. Die Schranken waren jedoch geschlossen, und die Eintragung ins Dienstbuch beweist, daß der Bahnbeamte auch da noch gelebt hat. Der Mörder muß also zwischen 5.20 Uhr und 6 Uhr zugeschlagen haben.

Kopfzerbrechen bereitet den Kriminalisten das Motiv. Das 62jährige Opfer galt als verträglich. Seine Kollegen schätzten ihn. Persönliche Feinde hatte er nicht. Auch seine Familienverhältnisse waren geordnet. Raubmord scheidet aus. Eine Belohnung von 1 000 Mark wird für Hinweise ausgesetzt, die zur Ergreifung des Täters führen.

Die Kriminalisten fragen in den umliegenden Ortschaften, ob sich am Neujahrstag ein Bewohner ungewöhnlich benommen hat. Dabei stoßen der Magdeburger Kriminalkommissar Kluge, seine Kollegen Kriminalkommissar Sohn und Kriminalassistent Schweitzer auf den Namen Franz Ilgenstein. Zwischen dem Arbeiter aus der Kleinschierstedter Siedlung „Langenwagen" und dem Schrankenwärter hatte schon länger ein gespanntes Verhältnis geherrscht, erzählen die Leute im Dorf. So sei es schon einige Male zu Auseinandersetzungen gekommen, weil Bahnwärter Keitel die Schranken nicht rechtzeitig geöffnet hatte, angeblich, um das Ehepaar Ilgenstein zu ärgern.

Nachdem ermittelt ist, daß der 32jährige Franz Ilgenstein und seine Ehefrau zur fraglichen Tatzeit auf dem Heimweg von einer Silvesterfeier über den Bahnübergang 33 gekommen sein müssen, durchsucht Kommissar Kluge die Wohnung des Ehepaars. Dabei stößt der Kriminalist auf blutverschmierte Kleidung. Ilgenstein und seine Frau werden verhaftet.

Zunächst wird die Ehefrau vernommen. Sie leugnet hartnäckig, irgend etwas mit der Bluttat zu tun zu haben. Sie habe sich mit ihrem Mann in der Neujahrsnacht auf dem Nachhauseweg gestritten und sei danach allein weitergegangen. Nach einiger Zeit räumt sie jedoch ein, daß ihr Mann, der später nach Hause gekommen sei, gesagt habe, daß es mit Keitel Streit gab. „Dem habe ich ein paar in die Labbe gegeben", soll ihr Mann gesagt haben.

Franz Ilgenstein streitet zuerst die Tat ab, doch dann legt er vor dem Untersuchungsrichter in Bernburg ein umfassendes Geständnis ab. In der Silvesternacht habe er in der Gaststätte Naumann in Kleinschierstedt Skat gespielt und dann mit seiner Frau und Bekannten gefeiert. Nebenbei sei er als Aushilfskellner eingesprungen. „Ich habe so gegen 4 Uhr noch abgerechnet, und dann sind meine Frau und ich nach Hause", schildert er das Geschehen. „Kurz vor dem Bahnübergang habe ich mich von meiner Frau getrennt, weil ich mal in die Büsche mußte." Der Bahnwärter habe für seine Frau die Schranken geöffnet, die Sperre jedoch gleich darauf wieder geschlossen.

„Als ich an die Bude kam, habe ich den Keitel rausgerufen. Der hat die Schranke aber nur ein Stück aufgemacht." Daraufhin fragte Ilgenstein wütend: „Du kannst wohl die Schranke nicht höher machen?" Der Bahnwärter: „Das geht dich gar nichts an; das ist meine Sache, was ich mache!" Er soll noch hinzugefügt haben: „Halt du man die Fresse! Du hast immer was zu meckern!" Es kam zum Handgemenge.

Ilgenstein, der im Ort als brutal bekannt ist und wegen der Schlägereien, die häufig von ihm angezettelt werden, beinahe überall Kneipenverbot hat, lief hinter das Gebäude. Er wollte sich mit einem Besen bewaffnen, der dort immer stand. Dabei sah er den Hammer. „Jetzt bist du dran!" Mit diesen Worten schlug er dem 62jährigen mindestens zweimal an den Kopf.

Im Februar 1935 beginnt vor dem Sondergericht Halle der Prozeß gegen den Hammermörder von Schranke 33. Unter den 16 Zeugen ist auch die Ehefrau des Angeklagten, die von ihrem Recht, die Aussage zu verweigern, keinen Gebrauch macht. Im Gegenteil: Sie belastet den Angeklagten.

Am 18. Februar wird Franz Ilgenstein wegen vorsätzlichen Mordes zum Tode verurteilt.

Der kleine Kindermörder

Am 20. Juli 1940 sind die Litfaßsäulen in ganz Deutschland dicht umlagert. Schon von weitem ist das blutrote Plakat zu sehen, auf dem die vollstreckten Todesurteile bekannt gemacht werden. An jenem Tag sind es vor allem Mütter, die beifällig nicken, nachdem sie gelesen haben, daß am Morgen der vierfache „Lustmörder" Rudolf Zimmermann hingerichtet worden ist. Der Henker hatte einen endgültigen Schlußstrich unter eine Serie schrecklicher Sexualverbrechen an Kindern gezogen. Ein halbes Jahr lang hatten die Taten für Angst und Schrecken gesorgt. Es hatte mit einer Vermißtenmeldung im Frühling 1940 begonnen.

Am 24. Mai kommt um 22 Uhr eine Frau völlig aufgelöst in die Ortspolizeibehörde von Aken an der Elbe. Ihre zehnjährige Tochter sei nicht vom Spielen nach Hause gekommen. Erste Ermittlungen ergeben, daß Anni H. am Nachmittag mit einem „auffällig kleinen Mann" mitgegangen ist.

Ein 250 Mann starkes Suchkommando aus Magdeburg und Aken ist am nächsten Tag vorerst nicht erfolgreich. Gegen Mittag ruft den Suchenden ein Schiffer auf einem vorbeifahrenden Elbkahn zu, daß er zwischen den Elbkilometern 281 und 282 auf einer schmalen Insel ein Mädchen beobachtet habe, das, vom Hochwasser eingeschlossen, weinend umherirre. Die Polizei beauftragt zwei Paddelbootfahrer, zu der beschriebenen Stelle zu rudern. Dort finden sie Anni. Sie lebt.

Der Polizeibericht vermerkt: „Das Kind, das seelisch noch völlig unter dem Eindruck seiner furchtbaren Erlebnisse stand, war auch körperlich stark erschöpft." Erst nach und nach können sich die Beamten ein Bild machen.

Die Kleine war am Vortag von einem Mann – nur etwas größer als sie selbst – angesprochen worden. Er hatte Anni gefragt, ob sie ihm helfen würde, ein Paket zu tragen, und eine Mark versprochen. Das arglose Kind ließ sich mit dem Mann, der einen Leder- und einen auffälligen Strohkoffer bei sich hatte, über die Elbe setzen. Gemeinsam gingen sie bis zu einer Höhle. Dort lagen zwei Decken. Nach einiger Zeit zog sich der Mann „wie ein Nackedei" aus – so die Aussage des Kindes. Er vergewaltigte die Zehnjährige. Am nächsten Morgen ging er mit Anni zur Elbe und zeigte ihr den Weg nach Hause.

Wie nahe sie dem Tode gewesen war, zeigt sich in den nächsten Wochen, denn der Kinderschänder macht sich an weitere Mädchen heran.

Am Vormittag des 14. Juni wird in einem Kornfeld bei Prenzlau die siebenjährige Inge W. tot aufgefunden. Der Täter hatte das Kind vergewaltigt und dann erdrosselt. Das Mädchen war vier Tage zuvor als vermißt gemeldet worden.

Das dritte Opfer des Kinderschänders ist eine Siebenjährige aus Rottstock bei Belzig. Ingrid K. war am 22. Juni 1940 vom Spielen nicht nach Hause gekommen. Am nächsten Tag fand ein Suchtrupp das Kind tot im tief eingeschnittenen Bett eines Baches, zwei Kilometer vom Wohnort entfernt. Die Obduktion ergab, daß der Täter das bewußtlos gewürgte Mädchen sexuell mißhandelt und dann in den Wassergraben geworfen hatte. Dort war Ingrid ertrunken.

Am 1. Juli warten die Eltern von Maria B. aus Eger bei Karlsbad vergeblich darauf, daß die Achtjährige von der Schule nach Hause kommt. Vier Tage später wird Maria von einem Ziegeleibesitzer, der seinen Hund ausführt, gefunden. Die nackte Leiche liegt fünf Meter von einem Feldweg entfernt in einem Gerstenfeld. Der Täter hatte dem Kind den Hals bis auf den Halswirbel durchschnitten.

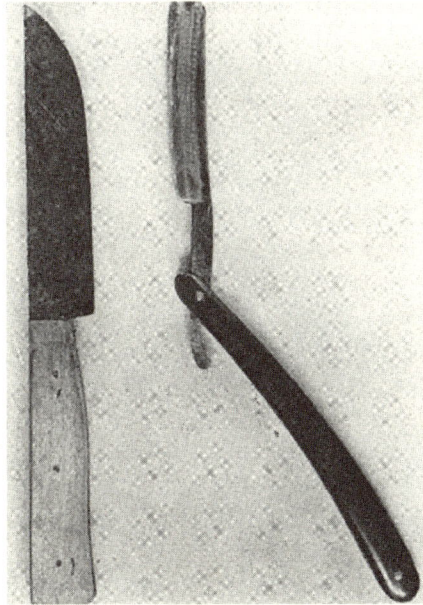

Mit dem Messe (links) erstach der Mörder die sechsjährige Hildegard M. aus Magdeburg, mit dem Rasiermesser schnitt er der achtjährigen Maria B. die Kehle durch.

Das letzte Opfer des Kinderschänders wird Hildegard M. aus Magdeburg. Das sechsjährige Mädchen war zuletzt in Begleitung eines unbekannten Mannes gesehen worden. Auf Grund der ungeklärten Mädchenmorde schaltet das Polizeirevier sofort die Mordkommission in Magdeburg ein. Zwei Polizeihundertschaften, 450 Soldaten, sämtliche verfügbaren Kriminalisten sowie 2 200 weitere Hilfskräfte suchen am nächsten Tag mit Hunden die Gegend ab. Erfolglos.

Die Polizei konzentriert sich auf die Suche nach einem Täter, der auffallend klein – um die 1,50 Meter – und zwischen 35 und 40 Jahre alt ist. Einige Personen, die im Umfeld der Taten mit einem so beschriebenen Mann gesprochen hatten, gaben an, daß er sich als Melker ausgegeben habe. Es wird vermutet, daß er mit der Eisenbahn unterwegs ist. Deshalb bittet die Kripo in einem Bahntelegramm an alle Gepäckaufbewahrungen in Deutschland, auf einen Mann zu achten, der mit zwei Koffern, wie sie Anni H. aus Aken beschrieben hatte, reist.

Am 4. Juni scheint diese Aufforderung Erfolg zu haben. Bei der Magdeburger Kripo erscheint ein Bahnbeamter und gibt zu Protokoll, daß ein Mann angezeigt hat, ihm sei zwei Tage zuvor auf dem Magdeburger Hauptbahnhof im Wartesaal 3. Klasse ein Koffer abhanden gekommen. Falls sich dieser anfindet, solle er an einen Bauern in Zerbst geschickt werden, bei dem er eine Arbeit aufnehmen wolle. Die Anzeige gab ein gewisser Melker Johannes Weserberg, geboren am 14. Juni 1902, auf.

Die Kripo wird hellhörig: Der Name Weserberg war schon einmal aufgetaucht. Die Polizei war auf ihn gestoßen, weil gegen einen Mann desselben Namens aus Steinhude/Hannover eine Anzeige wegen Arbeitsvertragsbruchs vorlag. Die Beschreibung von Weserberg hatte bis zu einem gewissen Grade mit der des Täters übereingestimmt.

Recherchen in Steinhude ergeben, daß dort am 14. Juni 1902 kein Johannes Weserberg geboren wurde, allerdings am 4. Juni 1902 ein Hans Weser. Weser wird ausfindig gemacht und vernommen. Er erzählt, daß ihm vor Jahren in Kiel Papiere abhanden gekommen waren. Der Täter, der in den Besitz der Unterlagen gekommen war, hatte einige Angaben verändert.

In der Nacht zum 8. Juli 1940 wird in ein Salzwedeler Wäschegeschäft eingebrochen. Als ein Mann am nächsten Tag das Diebesgut verkaufen will, wird er verhaftet. Bei ihm wird ein Gepäckschein gefunden. Als der Koffer auf dem Bahnhof Salzwedel geöffnet wird, finden die Beamten neben einem Arbeitsbuch auf den Namen Johannes Weserberg auch Kleidungsstücke, die von Zeugen im Zusammenhang mit den Kindermorden beschrieben worden waren. Doch da passiert eine unerwartete Panne: Einen Tag nach seiner Festnahme kann der Wäscheverkäufer aus dem Polizeigefängnis fliehen.

Die Kripo hofft nun darauf, daß der Flüchtige versuchen wird, seinen Koffer vom Bahnhof abzuholen, und besetzt die Gepäckaufbewahrung mit einem Kriminalisten. Und diesmal haben die Beamten Glück. Eine Fahrkartenverkäuferin erkennt am 10. Juli auf dem Bahnhof Salzwedel den Mann, der den Koffer aufgegeben hat und auf den die Beschreibung des Kindermörders paßt. Sie alarmiert den Polizisten in der Gepäckabteilung. In dem Augenblick, als der Verdächtige den Zug besteigen will, wird er verhaftet.

Der Mann wird nach Magdeburg gebracht. Dort gibt er zwar Einbrüche in Zerbst und Salzwedel zu, leugnet jedoch hartnäckig, jemals in Magdeburg gewesen zu sein. Doch die Beweislast ist zu groß. Schließlich gibt er die Vergewaltigung in Aken zu. Und auch den Magdeburger Sexualmord vom 3. Juli gesteht er. Allerdings gibt er an, das Kind, nachdem er es vergewaltigt hatte, mit Bindfäden zusammengeschnürt und in die Elbe geworfen zu haben. Später wird die sechsjährige Hildegard jedoch tot in einem Kornfeld gefunden. In ihrer Brust steckt ein 22 Zentimeter langes Messer.

Wenige Tage später bricht der angebliche „Weserberg", der inzwischen als der Melker Rudolf Zimmermann aus Wilschdorf bei Dresden identifiziert wurde, unter der Beweislast zusammen. Er wolle nun „alle Karten offen auf den Tisch legen", sagt er. „Auch die übrigen Morde kommen auf mein Konto."

Beim Prozeß bedankt sich Zimmermann dann theatralisch bei den Ermittlern. In ihm stecke ein „Dämon", dessen Werkzeug er sei und der ihn zu den Taten getrieben habe. „Wäre ich nicht festgenommen worden, hätte ich so weitergemacht", gibt er zu.

Dem Gutachten von zwei Gerichtsärzten ist zu entnehmen, daß Auslöser für die schrecklichen Taten das Erlebnis Zimmermanns mit einer älteren Frau in Hamburg gewesen sein könnte. Sie hatte sich Weihnachten 1939 über den Melker lustig gemacht, weil es bei ihm auf Grund einer Unterleibsverletzung im Bett nicht geklappt hatte. „Der dadurch ausgelöste Minderwertigkeitskomplex kann zur Folge gehabt haben", heißt es,

Der 34jährige Melker Rudolf Zimmermann vergewaltigte und tötete im Sommer 1940 vier Mädchen.

„daß Zimmermann aus einem verdrängten Geltungsbedürfnis heraus, und weil er merkte, daß er sich am geeignetsten an kleinen Kindern befriedigen konnte, sich nun ausschließlich mit diesem Personenkreis sexuell befaßte". Das Gericht verurteilt das „Scheusal in Menschengestalt" – so der Vorsitzende Richter – zum Tode.

Der kriminelle Polizeichef

September 1945. Bernburgs Polizeichef „hält Hof", und es geht mal wieder hoch her. Schnaps und Bier gibt es bis zum Abwinken, für die anwesenden Damen des horizontalen Gewerbes Likör. Dick belegte Wurststullen türmen sich auf den Tellern. Draußen in der Stadt gibt es wenige Monate nach Kriegsende Brot auf Zuteilung.

Nach einigen Stunden erreicht die Stimmung ihren Höhepunkt. Alfred Rieck, Chef der Polizei in Bernburg und dem Landkreis, steht schwankend auf einem Tisch und „uriniert auf die kalten Platten", wie eine Zeugenaussage später belegt.

In den Straßen der Saalestadt munkelt man schon lange über Saufgelage, die zumeist mit Gruppensex auf dem Dielenboden oder einer Massenschlägerei enden. Doch laut traut sich niemand darüber zu reden. Zu groß ist die Macht des Herrschers über Schutzpolizei und Kripo. Und der Antifaschistische Block hält in gutem Glauben die Hand über seinen Schützling.

Im Juni 1945 war Alfred Rieck vom Antifa-Block für das Amt vorgeschlagen worden. Der 46jährige schien geeignet zu sein, die Polizei aufzubauen und zu leiten. Schließlich hatte er während der Nazizeit als „Politischer" im KZ gesessen. Bei der amerikanischen Besatzungsbehörde und der Antifa hatte sich Rieck als ehemaliger Berliner KP-Funktionär ausgegeben und glaubhaft versichert, daß er im Januar 1933 wegen Vorbereitung zum Hochverrat von den Nazis ins Lager Oranienbaum gebracht worden sei. Mit zwei Mitgefangenen, darunter sein Vertrauter Oskar M., sei ihm auf einem Transport von Buchenwald nach Dachau bei Jena die Flucht gelungen. Über Halle seien sie nach Bernburg gekommen.

Daß der wirkliche Lebenslauf Alfred Riecks ganz anders aussieht, weiß damals noch niemand. Es stimmt zwar, daß der Polizeichef im Konzentrationslager eingesperrt war – allerdings nicht als politischer Häftling, sondern als Gewohnheitsverbrecher mit einer Latte von Vorstrafen.

Die kriminelle Karriere des kaufmännischen Angestellten hatte bereits 1920 begonnen. Wegen Betrugs wurde er zu neun Monaten Haft verurteilt. Zwischen 1921 und 1925 verbüßte er vier weitere Gefängnis- bzw. Zuchthausstrafen – insgesamt drei Jahre und acht Monate – wegen Diebstahls, Betrugs, Hehlerei und Zuhälterei. 1926 wurde er für ein Jahr in die

Besserungsanstalt Breitenau eingewiesen. Der Aufenthalt mußte um drei Monate verlängert werden. 1930 verurteilte ihn das Schöffengericht Berlin-Spandau wegen Diebstahls zu 15 Monaten.

Der angebliche „Hochverrat" vom 9. Januar 1933 entpuppte sich später als bewaffneter Raubüberfall, bei dem ein Bankangestellter durch drei Schüsse schwer verletzt worden war. Dafür kassierte der Verbrecher vom Schwurgericht Berlin am 13. April 1934 zehn Jahre Haft. Am 9. Mai 1944 wurde der Mann, dem alle bürgerlichen Ehrenrechte aberkannt worden waren, nach Buchenwald gebracht. Auf der Überführung ins KZ Dachau floh er später.

Seine Funktion als Polizeichef nutzt Rieck sofort aus, um Gleichgesinnte um sich zu scharen. Einige seiner alten „Spezis" rekrutiert er als Polizisten. Hinzu kommen andere „Neupolizisten", von denen er weiß, daß sie ihm widerspruchslos gehorchen.

Rieck hat sein Büro in der Karl-Liebknecht-Straße. Dort ist auch das Hauptquartier der politischen Kripo-Abteilung. Wer dorthin bestellt wird, weiß, was ihm blüht. Wahllos werden Geschäftsleute und sogar ganze Familien verhaftet, tagelang ohne richterlichen Beschluß verhört, teilweise gefoltert. Schläge und sexuelle Nötigungen sind an der Tagesordnung. Blutspuren in den Zellen zeugen davon.

Die Sekretärinnen flüchten sich oft in die etwas weiter ab liegende Küche. Dort hören sie die Schreie der Gequälten nicht. Um die Unschuldigen einzuschüchtern, werden sogar Scheinhinrichtungen durchgeführt. Meldungen von Schutzpolizisten, die von den Zuständen erfahren, kommen nicht bei der vorgesetzten Dienststelle an. Der Verdacht liegt nahe, daß Rieck dort gedeckt wird.

Jede Festnahme wird von Hausdurchsuchungen begleitet. Dabei lassen der Polizeichef und seine Vertrauten alles mitgehen, was irgendwie von Wert ist.

Doch im Dezember 1945 kommt für Rieck das böse Erwachen. Interne Untersuchungen hatten ergeben, daß etwas mit seiner Person „nicht stimmt". Einen Tag vor Weihnachten wird der Kriminelle verhaftet. Seine Geliebte verschwindet mit vier schweren Koffern in den amerikanischen Sektor.

Doch obwohl inzwischen viele seiner Taten bekannt sind, wird er am 31. August 1946 von den sowjetischen Besatzungsbehörden, die inzwischen die amerikanischen abgelöst haben, wieder freigelassen.

Ende Oktober wird Alfred Rieck von der deutschen Polizei erneut verhaftet und der sowjetischen Militäradministration übergeben. Die setzt den Ex-Polizeichef im Juni 1947 wieder auf freien Fuß. Das Militärtribunal hatte auf Freispruch erkannt.

Am 19. Januar 1948 wird Rieck zum dritten Mal verhaftet. Doch das Karussell dreht sich aufs neue: Im September läßt man ihn frei.

Erst als der Verbrecher sich politisch danebenbenimmt, wird er im September 1950 wegen „Boykotthetze" gemäß Direktive 38 in U-Haft genommen.

Am 15. August 1952 wird in der Strafsache 3 c Ks 238/52 das Urteil gesprochen. Der Vorsitzende Landrichter Widersky erkennt wegen Betrugs, Falschbeurkundung, fortgesetzter Amtsunterschlagung, fortgesetzter Duldung strafbarer Handlungen Untergebener, Aussageerpressung und Nötigung sowie Erpressung in zwei Fällen auf eine Gesamtstrafe von 14 Jahren. Er charakterisiert den Angeklagten als gefährlichen Gewohnheitsverbrecher und verhängt zusätzlich Sicherungsverwahrung sowie die Aberkennung der Ehrenrechte für zehn Jahre.

Der Polizistenmord im Schlachterkeller

9. August 1946, kurz vor 16 Uhr. Kriminalobersekretär Felix Berger und sein Kollege Kriminaloberassistent Karl Loba haben den Auftrag, den Bauernhof Berliner Straße 216 in Halle-Diemitz zu durchsuchen.

Im Polizeipräsidium der Saalestadt ist man sich so gut wie sicher, daß der Fleischer Herrmann Schettig dort in einem Keller in großem Stil „schwarzschlachtet" und seine Hände auch in Schiebergeschäften hat. Straftaten, die im Osten Deutschlands mit aller Härte verfolgt werden, um „die Macht der Konzernherren und Junker auf wirtschaftlichem Gebiet zu brechen und die dringendsten Bedürfnisse der Bevölkerung zu befriedigen sowie die zerrüttete Wirtschaft wieder aufzubauen", heißt es dann auch in der kriminalpolizeilichen Strafakte zu diesem Fall.

Zuerst gehen die beiden Beamten auf dem Grundstück ins Waschhaus. Dort treffen sie zwei Frauen bei der Arbeit. Sie weisen den Kriminalisten den Weg zur Wohnung des Verdächtigen Herrmann Schettig. Aber da sind nur die Ehefrau und Schwägerin Wally G. Während sich die Beamten mit der Ehefrau unterhalten, läuft Wally G. in den Schlachterkeller, der sich unmittelbar neben der Wohnung befindet. Schettig und zwei weitere Männer sind gerade dabei, den Talg eines schwarzgeschlachteten Rindes auszulassen.

Wally G. ruft aufgeregt, daß die Polizei im Hause sei. Ihr Ehemann, Adalbert G., einer der Gehilfen Schettigs, verliert die Nerven und schreit: „Nun ist alles aus!" Doch Schettig mahnt zur Ruhe und geht in seine Wohnung.

Die Beamten sehen sich zu dieser Zeit in den Ställen um. Wieder auf dem Hof, treffen sie auf Herrmann Schettig. Sie legen dem Fleischer die amtlichen Papiere vor und beginnen in der Stube mit der Durchsuchung.

Schettig wird immer aufgebrachter. Er verlangt, daß ein bestimmter Oberleutnant der Schutzpolizei aus dem Saalkreis verständigt wird, der ginge bei ihm „ein und aus", und mit dem habe er schon die eine oder andere Flasche geleert. Doch die Kriminalisten lassen sich davon nicht beeindrucken. Sie setzen die Untersuchung auf dem Hof fort.

„Ich lasse mir nicht alle acht Tage die Bude umkramen", begehrt Schettig auf. Doch da riecht Kriminalassistent Loba schon das ausgelassene Rinderfett. „Öffnen Sie den Schlachterkeller", fordert er den 48jährigen auf. „Muß erst den Schlüssel holen", knurrt der Fleischer. Zu diesem Zeitpunkt hat er bereits den Vorsatz gefaßt, die beiden „Schnüffler" aus dem Weg zu räumen. Schettig läuft ins Schlafzimmer und greift unter sein Kopfkissen. Dort liegt seine 7,65er Selbstladepistole, mit der er gewöhnlich das Schlachtvieh erschießt.

Loba und Berger warten auf ihren Mörder an der Bodenklappe, unter der sieben Steinstufen in den Keller führen. Dann machen die Kripomänner einen entscheidenden Fehler: Anstatt den Verdächtigen vorangehen zu lassen, betritt erst Loba, dann Berger die Treppe. Ihnen folgt der Fleischer.

Bereits nach den ersten Schritten schießt Schettig dem vor ihm Laufenden in den Rücken. Danach richtet der Täter seine Waffe auf Loba, der bereits das Ende der Treppe erreicht hat. Laut Obduktionsprotokoll dringt das Projektil in Höhe des zehnten Brustwirbels in den Rücken des 29jährigen, sechs Zentimeter neben der Wirbelsäule. Es zerfetzt mehrere lebenswichtige Organe, so die rechte Hals- und die große Körperschlagader, den linken Lungenunterlappen sowie die Luftröhre. Der Kriminalassistent versucht noch, sich aus der Schußlinie zu bringen, indem er sich zusammenkauert und nach vorn neigt. Doch umsonst, er stirbt am Fuße der Treppe.

Kriminalassistent Karl Loba starb auf den Stufen des Schlachterkellers. Der Täter hatte ihn hinterrücks erschossen.

Dem schwerverletzten Berger gelingt es noch, sich die Stufen hinauf und über den Hof auf die Straße zu schleppen. Dort bricht er zusammen. Auf dem Transport in die Klinik stirbt auch der Kriminalobersekretär.

Nach den Schüssen flieht der Täter. Während er über den Hof läuft, schreit er noch in Richtung Keller: „Euch werde ich schon helfen." Schettig, der mehrere 10 000 Mark in einer Aktentasche bei sich hat, steigt auf einer Leiter über die Grundstücksmauer und flüchtet in Richtung Reideburg.

Wer war dieser Herrmann Friedrich Schettig? Im Sommer 1941 hatte er eine Tätigkeit als Viehpfleger und -verkäufer bei einem Viehhändler in Halle aufgenommen. Nach Kriegsende machte sich Schettig, der inzwischen in die KPD eingetreten war, in Halle-Diemitz selbständig. Im Kriminalprotokoll heißt es: „Er verstand es, sich eine auf ein Jahr befristete vorläufige Gewerbegenehmigung zu beschaffen. In der Folgezeit führte der Angeklagte ... offizielle Schlachtungen für die sowjetische Kommandantur aus." Diese Tätigkeit habe Schettig in zunehmendem Maße dazu genutzt, in seinem Interesse schwarzzuschlachten. Außerdem sei er an umfangreichen „Pferdeverschiebungen" beteiligt gewesen. „Um sich Rückendeckung ... zu verschaffen, belieferte Schettig einige Angehörige der Polizei mit Fleisch- und Wurstwaren." Der Täter wird als sehr „jähzornig und aufbrausend" geschildert. So habe er seine Pistole auch dazu genutzt, um seine Familie „in Schach zu halten". Zeugenaussagen belegen, daß der Mann bei einer Familienauseinandersetzung durch die Türfüllung geschossen hatte.

Schettig gelingt die Flucht über den Harz in den Westen. Unter falschem Namen läßt er sich in der Nähe der niederländischen Grenze nieder. Im Februar 1947 fliegt er auf, wird festgenommen und nach Halle gebracht. Doch der Fleischer hat sich eine Strategie zurechtgebastelt, die vorerst Erfolg hat. In der Vernehmung gibt er an, daß die Kriminalbeamten auf seinem Hof bei einem Schußwechsel mit sowjetischen Soldaten ums Leben gekommen seien.

Im Frühjahr 1947 wird er der sowjetischen Militärbehörde übergeben und am 31. Mai des Jahres durch das Militärtribunal der Provinz Sachsen-Anhalt lediglich wegen unerlaubten Waffenbesitzes zu zehn Jahren Haftlager verurteilt. Seine Verbindungen müssen auch damals noch ausgezeichnet gewesen sein.

1950 ist der Verurteilte schon wieder auf freiem Fuß. Von Halle geht er nach Westberlin. Die DDR bemüht sich intensiv um die Auslieferung des

Doppelmörders. Am 25. September 1959 kommt Schettig in Westberlin in Untersuchungshaft. Im Januar 1960 wird er in die DDR überführt

Der 2. Strafsenat des Bezirksgerichts Halle verhandelt am 16. und 19. Dezember 1960 gegen den Fleischer. Am letzten Prozeßtag verkündet der Vorsitzende Richter Altendorf das Urteil: „Der Angeklagte wird wegen zweifachen Mordes nach Paragraph 211 Strafgesetzbuch zu lebenslangem Zuchthaus verurteilt."

14 Jahre nach den tödlichen Schüssen auf Felix Berger und Karl Loba ist die Tat gesühnt.

Mord für ein paar Stiegen Obst

Es sollte ein schöner Abend werden. So hatten es sich Emma Hoppenz und ihr Bekannter August H. jedenfalls vorgenommen. Der Spätsommer ist an diesem 2. September 1950 noch einmal warm und der Weg nahe eines Obstgartens in Gernrode ideal, um den Tag friedlich ausklingen zu lassen.

Völlig unerwartet peitschen plötzlich Schüsse. August H. sieht noch den ungläubigen Blick in den Augen seiner Partnerin, dann stürzt Emma Hoppenz zu Boden. Instinktiv wirft sich H. neben die Sterbende. Das rettet ihm wahrscheinlich das Leben. Denn die nächsten Schüsse, die ihm gelten, gehen über seinen Kopf hinweg.

Kaum 24 Stunden später kontrollieren Nachtwächter Erfurt und sein Kollege in Westerhausen bei Blankenburg eine Plantage. Dabei erwischen sie zwei Männer. Die Apfeldiebe greifen sofort zu den Waffen und schießen auf die Wächter. Erfurt wird von einem Explosivgeschoß der Oberschenkel zerfetzt. Er verblutet. Der zweite Wachmann kann fliehen. Für ein paar Stiegen Obst wurden Diebe zu Mördern.

Die beiden gehören zu einer Bande, die seit 1948 Harz und Vorharz unsicher macht. Auf ihr Konto gehen unzählige Einbrüche, acht Raubüberfälle, vier Mordversuche und die zwei Morde im September 1950. Die Verbrecher nehmen in den Landkreisen Wernigerode, Quedlinburg und Sangerhausen alles mit, was man nur irgendwie zu Geld machen kann: Fahrräder, Autos, Lastkraft- und Ackerwagen, einen 18 Zentner schweren Bullen, Kühe, Schweine, Ziegen und Nahrungsmittel. Wehe demjenigen, der die Bande beim Stehlen ertappt. Wer Glück hat, kommt mit Knüppelschlägen davon.

Die Kripo in Quedlinburg schafft es gar nicht mehr, die Anzeigen zu bearbeiten, von einem Ermittlungserfolg ganz zu schweigen. Die Wahlen stehen in der DDR bevor, und die Polizei des Kreises gerät immer mehr unter Druck. Die Volkspolizei-Landesbehörde Sachsen-Anhalts bildet eine Einsatzgruppe. Ihr Kern ist die Mordkommission. Chef der Sonderermittler wird der Leiter des Dezernats B, VP-Kommandeur Müller.

Zuerst werden die Spuren beider Mord-Tatorte ausgewertet. Die sichergestellten Patronenhülsen gehören zu einem deutschen Karabiner 98 und einer FN-Pistole belgischen Fabrikats.

Müller weist als nächstes an, alle Wohnungen im Aktionsradius der Bande zu durchsuchen. Besonders gründlich werden mutmaßliche Wilderer und Leute, die verdächtigt werden, illegal Waffen zu besitzen, unter die Lupe genommen. Dabei werden zig schwarze Waffen beschlagnahmt und untersucht, viele Strafverfahren werden eingeleitet, aber auf die Mordwaffen stoßen die Ermittler nicht.

Obwohl die Sonderermittler beinahe 24 Stunden am Tag arbeiten, kommen sie nicht weiter. Es gibt keine heiße Spur. Die zuständige Staatsanwaltschaft stellt die Ermittlungsverfahren vorläufig ein. Die Untersuchung der eingezogenen Pistolen und Gewehre geht auf Anweisung der Landeskriminalpolizei allerdings weiter. Die Waffen werden zu Vergleichszwecken an die kriminaltechnische Untersuchungsstelle nach Halle geschickt. Doch vorerst können auch die Waffenexperten keinen Erfolg verbuchen, und selbst die größten Optimisten beginnen bereits zu resignieren.

Doch dann kommt der kaum noch erwartete Durchbruch. Nach 13 Monaten stoßen die Kriminaltechniker auf eine Pistole des Typs FN. Schußproben ergeben: Es ist die Waffe, mit der Emma Hoppenz am 2. September 1950 in Gernrode erschossen wurde. Die belgische FN war bei der Durchsuchung eines Bauernhofes in Döben bei Schönebeck sichergestellt worden. Das Gehöft gehört den Brüdern Walter und Willi Körner.

Hier wohnten Ende der 40er Jahre die Körner-Brüder. Das Gehöft in Döben bei Schönebeck wurde inzwischen saniert.

Die Kripo beißt sich in dieser vielversprechenden Spur fest. Denn die Döbener sind keine Unbekannten für die Polizei. Beide werden schon seit einiger Zeit verdächtigt, ihre Finger in Viehdiebstählen zu haben. Die neben der belgischen Pistole beschlagnahmten Bolzenschußgeräte und Schlachterwerkzeuge untermauern diesen Verdacht. Die Kripo greift zu. Walter Körner kommt in Untersuchungshaft. Doch Willi gelingt es, vor seiner Verhaftung zu fliehen.

Nun wird die Mordkommission in Halle aufgestockt. Sie nimmt die Ermittlungen wieder in die Hand. Der Einsatzleiter, ein VP-Oberkommissar, schreibt später: „Die vordringlichste Aufgabe bestand in der Ergreifung des flüchtigen und vermutlich bewaffneten Verbrechers Willi Körner und der Herstellung des Zusammenhanges zu weiteren, noch nicht aufgeklärten Verbrechen, insbesondere in den Kreisen Quedlinburg und Schönebeck."

Doch sowohl Walter Körner als auch seine Ehefrau und die Frau des Flüchtigen leugnen hartnäckig. Walter Körner schiebt alles seinem Bruder Willi in die Schuhe.

Daß die Untersuchungen nicht vorankommen, liegt auch daran, daß es eine undichte Stelle beim Volkspolizeikreisamt Quedlinburg gibt; ein Verwandter der Körner-Brüder arbeitet dort als Kraftfahrer. Er kennt immer den neuesten Ermittlungsstand und weiß, was die Kripo plant. So läßt er die Schuhe neu besohlen, die einer der Brüder trug und von denen es einen Tatort-Gipsabdruck gibt. Die Fahrräder, die die Körners benutzten, werden zerlegt und die Einzelteile verscherbelt. Auch den Karabiner läßt er verschwinden. Bis Ende November 1951 kann der VP-Kraftfahrer seine Verschleierungstaktik anwenden, dann fliegt sein Verrat auf. Gegen ihn wird Haftbefehl erlassen.

Insgesamt werden elf Bandenmitglieder ermittelt, zehn werden verhaftet. Nur Willi Körner ist noch auf der Flucht. Doch die Polizei vermutet, daß dessen Ehefrau nach wie vor Kontakt mit ihm hat. Sie wird deshalb überwacht. Bei einer Wohnungsdurchsuchung finden die Kriminalisten auf einem Abstellbord dann auch einen noch feuchten Rasierpinsel. Das Haus wird observiert, doch Willi Körner läßt sich nicht sehen. Die Kripo verhaftet daraufhin die Ehefrau. Nach einem stundenlangen Verhör verrät sie, daß sich Willi Körner bei einem Bauern in Breitenstein versteckt hat.

Ein 14köpfige Festnahmegruppe stürmt in einer regnerischen Novembernacht das Anwesen. Es kommt zum Schußwechsel. Körner springt aus einem Giebelfenster in vier Metern Höhe. Dabei feuert er weiter und trifft einen Polizisten in den Oberschenkel. Er versucht, freies Gelände zu erreichen und läuft genau in die Arme der VP-Posten, die dort absperren. Körner versucht auch dort wieder, sich den Weg freizuschießen. Dabei wird er selbst von einer Kugel getroffen. Er bricht tot zusammen.

Am 24. November 1952 beginnt die Hauptverhandlung vor dem Bezirksgericht Halle. Es geht um zwei Morde, drei Mordversuche, acht Raubüberfälle und rund 150 Diebstähle. Die Anklageschrift des Oberstaatsanwaltes umfaßt 388 Blatt, einen 71 Seiten langen Schlußbericht sowie fünf Aktenbände mit Anlagen.

Am 27. November wird der Hauptangeklagte Walter Körner zweimal zum Tode, zu 15 Jahren Zuchthaus und Ehrenverlust auf Lebzeiten verurteilt. Das Vermögen der Körners wird eingezogen.

Todesschreie an der Waisenhausmauer

2. April 1967. Volkspolizei-Hauptwachtmeister Müller und VP-Meister Schmidt machen gerade Pause in der Wache der Transportpolizei auf Halles Hauptbahnhof. Es ist gegen 1.45 Uhr, als ein Mann und zwei Frauen den Raum betreten. Aufgelöst erzählt der junge Mann, daß seine 24jährige Freundin verschwunden ist. „Ich möchte sagen", so die spätere Aussage des Hauptwachtmeisters bei der Kripo, „daß ich den Eindruck hatte, daß alle drei Bürger ziemlich aufgeregt waren. Man mußte ihrem Verhalten entnehmen, daß wirklich etwas passiert war."

Der junge Mann erzählt, daß er am Abend mit seiner Freundin Ursula noch auf ein Bier in der Gaststätte „Passage" war. Gemeinsam seien sie dann durch die Stadt gelaufen. „Als wir an der Post vorbeikamen", sagt er, „habe ich auf die Uhr am Haus gesehen – es war genau fünf vor halb eins." Ursula habe dann nur mal „schnell um die Ecke" gewollt, und weil die öffentliche Toilette hinter dem Leipziger Turm nur für Männer geöffnet hatte, sei die Freundin in Richtung Mauer zwischen der Waisenhausapotheke und dem Franckeplatz gelaufen. Inzwischen sei er selbst aufs Männerklo am Turm gegangen.

Das Foto aus den Akten zeigt das Tor rechts neben der Waisenhausapotheke, durch das das Opfer am 2. April 1967 ging. Rechts die Waisenhausmauer

An der Apotheke haben sie sich wieder treffen wollen. Doch Ursula sei nicht gekommen. „Ich bin die Waisenhausmauer entlanggelaufen und habe gerufen", sagt er, „aber Ursula hat nicht geantwortet." Das Gefühl, daß etwas geschehen sein könnte, sei immer stärker in ihm geworden.

Der junge Mann war dann zu einer Freundin Ursulas ins Internat gegangen und hatte ihr erzählt, daß die 24jährige spurlos verschwunden sei. Gemeinsam mit einer weiteren Studentin liefen sie zur Trapo-Wache.

VP-Hauptwachtmeister Müller und VP-Meister Schmidt gehen gegen 2.30 Uhr durch den Eingang rechts neben der Apotheke. Die Polizisten leuchten den angrenzenden verwilderten Garten mit Taschenlampen ab. Unweit der eingestürzten Mauer finden sie die Brille Ursulas, wie der am Eingang wartende Freund bestätigt. Gut zwei Meter neben der Brille liegt ein blutverschmierter Stein. Sekunden später ruft Müller seinem Kollegen zu: „Schau mal, dort liegt etwas Helles." Doch der hat schon bemerkt, daß es sich um die Gesuchte im hellen Mantel handelt.

Für die Morduntersuchungskommission Halle ist es nicht sonderlich schwer, den Tathergang zu rekonstruieren. Die Spuren sind eindeutig. Nach dem Ursula F. ihren Freund verlassen hatte, war sie 150 Meter weiter bis zum Tor neben der Apotheke gegangen. In einer dunklen Ecke an der knapp zwei Meter hohen Waisenhausmauer wollte sie sich erleichtern. Als sie sich niederhockte, wurde sie vom Täter überwältigt. Sie wehrte sich mit aller Kraft und verletzte den Angreifen wohl auch. Sie verlor dabei ihre Brille und eine Mantelschlaufe. Der Täter warf die Musikstudentin auf die Erde. Dabei fiel die 24jährige auf einen großen Brocken der eingestürzten Mauer, der mit Scherben besetzt ist. Anschließend verging sich der Täter an der willenlosen Frau. Fingermale an ihrem Hals weisen darauf hin, daß sie auch gewürgt wurde.

Schon der Zustand der Kleidung hatte auf ein Sexualdelikt hingedeutet. Die Gerichtsmediziner bestätigen den Verdacht anhand von Spermaspuren an einem Taschentuch. Bei der Untersuchung wird ein weiteres wichtiges Detail festgestellt. Oberhalb der Brust des Opfers finden die Mediziner eine kräftige Bißspur – einen sogenannten Lustbiß. In der zusammengekrampften Hand hält die Tote ein paar Haarbüschel.

Die Polizei läßt Fahndungsplakate drucken. Es werden Zeugen gesucht, die „zur Tatzeit eine männliche Person in der Nähe des Leipziger Turms, am Waisenhausring oder der unmittelbaren Umgebung gesehen" haben. Ein Mann wird gesucht mit Verletzungen im Gesicht und an den Händen, mit blutbefleckter und verschmutzter oder beschädigter Kleidung. 1 000 Mark Belohnung werden für sachdienliche Hinweise zur Verfügung gestellt. Auch in der Bezirkszeitung „Freiheit" wird kurz über den Mord berichtet. Doch vorerst weist nichts auf den Täter hin.

Rund 400 Personen werden nach und nach von der Kripo überprüft, 19 Zeugen vernommen, 405 Hinweise gehen von Bürgern ein. Die Morduntersuchungskommission ist optimistisch, schließlich kann sich ihre Aufklärungsquote sehen lassen. Seit 1956 ist jeder Mörder und Totschläger im Bezirk Halle überführt worden.

Wichtiger Anhaltspunkt ist die Tatzeit. Einige späte Spaziergänger geben unabhängig voneinander an, in Nähe der Apotheke Schreie gehört zu haben – um genau 0.38 Uhr. Ein Handwerker und ein Student, die sich zur Tatzeit in der Nähe des Tatorts aufgehalten haben, geraten ins Fadenkreuz der Ermittler. Doch nachdem sich die Kriminalisten eingehender mit ihnen beschäftigen, scheiden beide aus. Den Handwerker entlastet der Vergleich seines Gebisses mit dem „Lustbiß" am Körper des Opfers.

Mitarbeiter der Morduntersuchungskommission ziehen durch die Gaststätten der Umgebung. Sie zeigen den Gästen eine Bildtafel mit 16 Fotos. Darunter aktuelle Tatverdächtige, aber auch „alte Bekannte". Sie fragen auch im „Promenaden-Café". Dort zeigt eine 22jährige sofort auf eines der Bilder. „Ja, der war am 1. April hier", erinnert sich die junge Frau sofort. „Der hat mit mir getanzt – einmal, dann wollte er schon mit mir raus. Es war kurz vor elf." Ein Kellner der Kneipe bestätigt die Angabe. Der Ammendorfer sei nicht das erste Mal da gewesen. So gegen 0.30 Uhr sei er an diesem Abend gegangen.

Am 12. April gegen 5 Uhr tauchen zwei Polizisten am Arbeitsplatz von Ofenarbeiter Hans-Jürgen St. auf. Er ist der Mann auf dem Foto und kein Unbekannter für die Polizei.

1958 mußte der gelernte Maler wegen versuchter Vergewaltigung ein Jahr ins Zuchthaus. Er hatte eine 25jährige zu Boden geworfen und ihr die Röcke hochgerissen. Als die Frau schrie, war er geflohen. Zwei Jahre später war er dann zu drei Monaten Gefängnis verurteilt worden, weil er sich öffentlich zur Schau gestellt hatte. 1961 stand er erneut wegen Vergewaltigung vor Gericht. Er hatte am 19. Juni nachts eine Frau überfallen, sie am Hals niedergerissen und versucht, ihr Gewalt anzutun. Doch auch diesmal schreckten ihn noch die Schreie ab – zwei Jahre und fünf Monate Haft. 1966 folgten zehn Monate Gefängnis. Erst im März 1967 war er aus der Haft entlassen worden.

Obwohl vieles gegen Hans-Jürgen St. spricht, zum Beispiel die Tatsache, daß Familienangehörige nach teilweise bewußten Falschaussagen bestätigen, daß der Ofenarbeiter am 2. April erst nach vier Uhr nach Hause gekommen ist, sieht es mit den anfangs so vielversprechenden Spuren gar nicht so gut aus. Die Haare in der Hand der Toten sind ihre eigenen, die in den Fußabdrücken Tierhaare. Das Blut am Stein ist das des Opfers, das Blut am sichergestellten Hemd des Verdächtigen ist sein eigenes. Das Sperma am Taschentuch ist für eine Untersuchung zu wenig. Die Fußspuren stimmen zwar mit der Schuhgröße des Verhafteten überein, allerdings werden keine dazu passenden Schuhe beim Verdächtigen gefunden.

Nach über zwei Wochen hartnäckigen Leugnens, in denen der „Boxer", wie der Tätowierte von seinen Kumpeln genannt wird, niemanden an sich heran ließ, gibt er das erste Mal zu, im „Promenaden-Café" gewesen zu sein. Gegen zwei sei er aber schon in Ammendorf in der Wohnung seiner Eltern gewesen.

In den darauffolgenden Wochen füllen die Protokolle neue Versionen, Widerrufe von Aussagen, wieder neue Aussagen. Am 26. Juni dann gesteht der 26jährige den Mord. Bei ihm habe „etwas ausgehakt", sagt er. Das habe bestimmt am Bier und Likör gelegen.

Am nächsten Tag schildert er Einzelheiten des Mordes und gibt zu, daß er auf sein Opfer aufmerksam wurde, als es vom Stadt-WC über die Straße zur Waisenhausmauer gelaufen war. „Anfangs wollte ich nicht, daß die Frau tot geht", sagt er. Aber weil sie sich wehrte, habe er ihr den Hals zugedrückt. Er habe die Tat lange geleugnet, weil er sich geschämt hatte zuzugeben, daß er es „mit einer Toten gemacht" hatte.

Am 20. und 27. Juli 1967 wiederholt er sein Geständnis, ab August, als er in Berlin psychiatrisch untersucht wird, widerruft er jedoch alles.

Am 30. Januar 1968 beginnt vor dem 3. Strafsenat des Bezirksgerichts Halle der Indizienprozeß gegen Hans-Jürgen St. Er leugnet erneut die Tat und gibt an, zur fraglichen Zeit zu Hause gewesen zu sein. Um diese Aussage zu beweisen, schildert er minutiös den Film „Agatha, laß das Morden sein", der an diesem Abend im Fernsehen gelaufen war.

Nach vier Verhandlungstagen fällt das Gericht das Urteil: lebenslanges Zuchthaus wegen Mordes in Tateinheit mit Notzucht. Außerdem beschließt das Gericht, die schärfste Form des Strafvollzuges, die Kategorie 1, anwenden zu lassen, die dem Verurteilten kaum Bewegungfreiheit innerhalb der Gefängnismauern läßt.

In seiner Begründung weist der Vorsitzende Oberrichter Altendorf auf die lückenlose Beweiskette hin, die den vor Gericht bis zum Schluß nicht geständigen Angeklagten eindeutig überführt habe. Er habe in seinen Geständnissen bei der Polizei Tat-Details geschildert, die nur der Mörder kennen konnte. Mildernde Umstände sah das Gericht ebenso wie der Staatsanwalt in der psychisch beschränkten Geisteskraft des Mörders. Ein Sachverhalt, der ausschließt, die Todesstrafe zu verhängen.

Der „Waisenhausmörder" wurde 1991 aus der Haft entlassen.

Die Kreuzworträtsel im Pappkoffer

28. Januar 1981, gegen 10 Uhr. In den Tagen zuvor hat es viel geschneit. Bäume und Bahndamm an der Linie Halle-Leipzig sind weiß. Nur der Schienenstrang schlängelt sich dunkel durch den Neuschnee. Ein Streckenläufer der Reichsbahn prüft zwischen Schkeuditz und Lützschena die Gleise. Plötzlich stutzt er. Wenige Meter vor sich – genau am Kilometer 107,370 – findet er einen Koffer. „Was so alles weggeworfen wird", denkt der Mann und öffnet den Behälter. Entsetzt prallt er zurück. Im Koffer liegt die zusammengekrümmte Leiche eines Kindes. Der Kopf ist fürchterlich entstellt.

Die Morduntersuchungskommission (MUK) Halle und Staatsanwalt Winfried Wölfel übernehmen den Fall. Recht schnell ist sicher, daß es sich bei dem toten Jungen um Lars B. handelt. Der Siebenjährige aus Halle-Neustadt war am 15. Januar 1981 von den Eltern vermißt gemeldet worden. Lars hatte ins Kino gehen wollen und war unweit seiner Wohnung vor der Gaststätte „Treff" das letzte Mal gesehen worden – allein.

Mit diesem Aufruf in Halles Bezirkszeitung „Freiheit" wurde 1981 nach dem vermißten Lars B. gefahndet.

39

Die Polizei wendet sich an die Bevölkerung. Doch für die Zeit nach 15.30 Uhr gibt es keine Hinweise. Niemand kann sich an den Jungen erinnern.

Es gibt nur wenige gesicherte Erkenntnisse. Außer der Identität des Jungen ist es lediglich die Tatsache, daß Lars Opfer eines Sexualdelikts wurde und als Täter wahrscheinlich nur ein Mann in Frage kommt. Da der Koffer aus dem fahrenden Zug geworfen wurde, gehen Kripo und Wölfel davon aus, daß es sich beim Mörder um jemanden handelt, der kein Auto besitzt.

In einer Situation, da sich die Ermittlungen im Kreise drehen, kommt ein Oberstleutnant der Bezirkspolizeibehörde auf einen ungewöhnlichen und auf den ersten Blick beinahe undurchführbaren Einfall. Ansatzpunkt sind die alten Zeitungen – eine „Freiheit" (Lokalausgabe Halle), eine „Neue Berliner Illustrierte", eine „Frösi" und die Pionierzeitung „Trommel" – mit denen der Täter den Koffer ausgepolstert hat. „Damit kein Blut nach außen dringt", wie er später aussagt.

Guss – Nuss – Nass – Nase – Nabe.
Zahlenzauberei
Die fehlende Zahl ist die 7. Das ist die versteckte Gesetzmäßigkeit: Jeweils der dritte Teil der Summe der beiden oberen Zahlen steht unten.
Zehn Fehler: 1. Schuhe, 2. NBI-Titel, 3. Hut, 4. Brille, 5. Uhr (9 Ziffern), 6. Hund mit Brille, 7. Schlips, 8. Sägezähne, 9. verschiedene Hosenbeine, 10. Schirm.

✱ Kreuzworträtsel

Waagerecht: 1. Erquickung, 4. bekannter Jurist der DDR, 8. griechischer Buchstabe, 10. Abschiedswort, 11. Gründelwal, 12. Anerkennung, 13. Männername, 15. Titelgestalt eines Kinderbuches von Ludwig Renn, 16. Sportboot, 17. fotografisches Durchscheinbild (Kurzwort), 19. Waldtier, 21. Haustier, 22. Filmgesellschaft der DDR, 23. Teil des Ge-

Das Kreuzworträtsel aus der „Neuen Berliner Illustrierten" führte zum Täter.

40

Das Interessante für die Ermittler sind die darin gelösten Kreuzworträtsel. „Die Schrift könnte uns zum Täter führen", hofft auch Staatsanwalt Wölfel. Wohl wissend, daß eine Suche nach der Stecknadel im Heuhaufen beginnen würde, für die es in der Kriminalgeschichte bis dahin kein Beispiel gab.

Die Schriftsachverständigen stoßen auf einige Eigenheiten der Handschrift. Eine davon ist, daß das A und das E in je drei Zügen geschrieben wurden. Beim A zum Beispiel erst der senkrechte Strich links, dann der senkrechte Strich rechts, danach der waagerechte Mittelstrich.

Die Kripo beginnt in Halle-Neustadt damit, Schriftproben zu sammeln. Polizisten gehen von Tür zu Tür und bitten die Bewohner, in Großbuchstaben zu schreiben: „Ein zweitägiges Kolloquium, das am Dienstag in Berlin begann, befaßt sich mit Karl Friedrich Schinkels Werk und dessen Bedeutung für die DDR." Auf Grund der zwei Kinderzeitungen wird besonders auf Familien geachtet.

Die Schriftprobenaktion bringt der „K" auch einigen Ärger ein. Denn die Polizisten klingeln ohne Rücksicht auf Funktion und Ansehen der Mieter. Es hagelt Eingaben von Funktionären. Doch weil der Kindermord für große Unruhe im Bezirk Halle sorgt, wird das Vorgehen der Kripo von höchster Stelle sanktioniert.

Neben der Tür-zu-Tür-Aktion – dabei kommen 21 000 Schriftproben zusammen – werden 3 000 Wohnungsanträge der AWG unter die Lupe genommen, ebenso 40 000 Pkw-Anmeldungen und bei den Meldestellen 250 000 Personalausweisanträge. Die Post steuert 90 000 Telegrammformulare bei. Auch in Kaderakten von Betrieben wird nach der charakteristischen Schrift geforscht.

Inzwischen sind auch die Schriftsachverständigen nicht untätig. „Weiblich und mittleren Alters", lautet ihr Urteil nach gründlicher Schriftanalyse. Doch das widerspricht völlig dem Bild des Mörders – einem pädophilen Sadisten –, das sich die Ermittler auf Grund des Tatbildes gemacht haben.

Wenige hundert Meter von der Wohnung des toten Jungen klingeln die Ermittler in einem Neubaublock auch an der Tür von Ingeborg G. Doch die Kellnerin ist nicht da. Am nächsten Tag versucht der Polizist erneut sein Glück – wieder nichts. Da hilft ihm eine Nachbarin weiter. „Frau G. wohnt ganz selten hier", sagt sie, „die kellnert an der Ostsee."

Die Aufforderung, den Vergleichstext zu schreiben, geht per Post an die ermittelte Arbeitsstelle an der Küste. Doch auch dort ist Frau G. nicht mehr. Die Leitung des Ferienheimes schickt der 40jährigen die Post hinterher – nach Dierhagen.

In den Räumen der Bezirkspolizeibehörde stapeln sich die Schriftproben. Tag und Nacht wird verglichen. Es ist die 551 198. Vergleichsschrift, die die Wende bringt. Die von Ingeborg G., Kellnerin im Gewerkschaftsheim von Dierhagen.

Bereits einige Stunden später wird die Frau in Halle vernommen. Als sie die Kreuzworträtsel und den Koffer sieht, fragt sie fassungslos: „Wie kommen Sie zu meinen Sachen?" Für die Kriminalisten, die schon die Aufklärung des Falls vor Augen hatten, wird schnell klar: die 40jährige ist unschuldig. Doch es stellt sich heraus, daß ihre 18jährige Tochter einen gleichaltrigen Verlobten hat, der auch einen Schlüssel für die Plattenbauwohnung in Halle-Neustadt besitzt.

Zuerst wird die Tochter befragt. Sie sagt, daß sie den Koffer vor längerer Zeit in den Müll geworfen habe. Auf Grund dieser Aussage, die sich später bestätigt, und weil der Täter laut Gutachten aller Wahrscheinlichkeit nach „keine normalen sexuellen Beziehungen zu einer Frau hat", scheint auch der Verlobte Matthias S. als Mörder auszuscheiden. Der verwahrt sich dann auch sehr selbstbewußt gegen alle Verdächtigungen. Allerdings bröckelt die Fassade etwas, als die Kripo erfährt, daß der Koffer zwar tatsächlich weggeworfen wurde, daß allerdings noch ein zweiter dieser Art existiert.

Nach und nach kommen die Vernehmer dann dahinter, daß das Zusammenleben der Verlobten nicht so harmonisch gewesen ist, wie erst vermutet. Die 18jährige schämt sich, von den intimsten Dingen zu sprechen. Doch dann bricht der Damm. Matthias habe von ihr im Bett verlangt, daß sie einen sterbenden Jungen spielt. Anders habe es zwischen ihnen gar nicht geklappt.

Der Verlobte, mit dieser Aussage konfrontiert, gibt sein Leugnen auf. Detailliert schildert er, wie er Lars getroffen und mit in die Wohnung genommen hat. Dort mißbrauchte er das Kind, schlug dann in der Badewanne mit einem Hammer auf Lars ein und erstach ihn.

Der Prozeß gegen Matthias S. findet vor dem 4. Strafsenat des Bezirksgerichts Halle statt. Bereits am ersten Verhandlungstag legt der Angeklagte ein volles Geständnis ab. Er habe bereits mehrmals die Absicht gehabt, sechs- bis siebenjährige Jungs sexuell zu mißbrauchen, sagt er. Prof. Dr. Dr. Hans Szewczyk von der Universitätsnervenklinik der Berliner Charité charakterisiert S. als einen Sadisten, der bei seinem Verbrechen größte Befriedigung empfand. Der Angeklagte sei voll für seine Tat verantwortlich. Der Gutachter verwies darauf, daß S., wäre er nicht gefaßt worden, weitergemacht hätte. 1982 wird der Mörder zu einer lebenslänglichen Freiheitsstrafe verurteilt.

Zehn Jahre später wird der „Kreuzworträtselfall" jedoch noch einmal aufgerollt. Matthias S. hat Kassation des Urteils beantragt, da nach nun geltendem bundesdeutschen Recht bei Jugendlichen lediglich eine Höchststrafe von zehn Jahren verhängt werden kann. Zuständiger Staatsanwalt ist erneut der Hallenser Winfried Wölfel. Das Gericht verhängt 1992 nach Jugendstrafrecht die Höchststrafe von zehn Jahren. Diese war jedoch bis zum November 1991 bereits verbüßt.

S., der als Kind selbst mißbraucht worden war, wurde als psychisch kranker, aber therapierbarer und -williger Straftäter in die Psychiatrie eingewiesen und verbrachte Jahre in Bernburg und Uchtspringe. Seit einiger Zeit lebt er in einem Objekt für geschütztes Wohnen in Sachsen-Anhalt.

Kapitel 2

Ungeklärte Kriminalfälle der DDR

Bei Arneburg an Land gespült

Es ist kurz vor 20 Uhr, als das 16jährige Mädchen mit den schulterlangen Haaren die Wohnung seiner Eltern in Havelberg verläßt. Der 14. Mai 1977 ist ein Sonnabend – Disco-Tag im zehn Kilometer entfernten Glöwen im Bezirk Schwerin.

Heidi T. ist dort mit ihrem Freund verabredet. Es hat einen kleinen Streit zwischen ihnen gegeben. Während sie mit dem Bus nach Glöwen unterwegs ist, überlegt sich die dunkelblonde Schülerin, wie sie die Sache wieder einrenken kann. Sie ist sich ziemlich sicher, daß ihr das gelingt.

Doch da irrt sich das Mädchen. Gegen 21 Uhr verläßt es deshalb die Diskothek. „Ich gehe nach Hause", sagt sie zu Bekannten, „mal sehen, zu Fuß oder per Anhalter." Ein Stück begleitet sie der 13jährige Bruder ihres Freundes. Um 22 Uhr verabschieden sich die beiden am Ortseingang von Glöwen. Heidi geht allein die dunkle F 107 (heute B 107) weiter, die nach Havelberg führt.

Eine Viertelstunde später sieht ein Ehepaar, das mit einem Tandem die Fernverkehrsstraße entlangfährt, ein junges Mädchen. Das könnte Heidi gewesen sein.

Kurze Zeit darauf kommt ein Pkw aus Richtung Havelberg an der 16jährigen vorbei. Wenige Meter weiter sieht der Fahrer im Rückspiegel zwei rote Bremslichter aufleuchten. Die Kripo vermutet später, daß Heidi T. ein Auto angehalten haben könnte.

In dieser Nacht warten die Eltern der Havelbergerin vergeblich. Vorerst glauben sie jedoch noch, daß ihre Tochter bei einer Freundin übernachtet. Erst, als sie am Montag früh noch nicht nach Hause kommt, gehen sie zur Polizei.

Zehn Tage lang schwanken die Eltern des Mädchens zwischen Hoffnung und Verzweiflung. Dann wird es zur schrecklichen Gewißheit: Heidi ist tot. Ermordet. Ihre Leiche wird halb entkleidet bei Arneburg, Elbkilometer 403, am westlichen Ufer angeschwemmt.

Bei der Obduktion stößt die Ärztin auf Würgemale am Hals. Es ist so gut wie sicher, daß die Schülerin zuvor sexuell mißbraucht wurde.

Eine elfköpfige erweiterte Morduntersuchungskommission (MUK), unterstützt durch Hunderte von Bereitschaftspolizisten, nimmt ihre Arbeit auf. Für Monate konzentriert sich die kriminalistische Arbeit in den Bezirken Magdeburg und Schwerin auf den Fall. 116 Spuren werden ver-

Der Körper von Heidi T. wurde am Elbkilometer 403 ans Ufer gespült.

folgt. Sie füllen im Laufe der Zeit 30 Aktenordner. Jeder enthält 300 bis 400 Seiten. 1500 Personen werden vernommen, darunter sind auch die 296 Kurgäste der Klinik Bad Wilsnack (acht Kilometer von Glöwen entfernt). Doch das ist ebensowenig erfolgreich wie die Befragung aller 326 Leute, die am 14. Mai in der Glöwener Disco waren, und der 180 Arbeiter, die damals das Kernkraftwerk Stendal aufbauten.

Nachgegangen wird auch dem Hinweis des Pkw-Fahrers. Die Bremslichter, die er gesehen hat, sollen waagerecht angeordnet gewesen sein. Daraufhin werden 788 Autos und Fahrzeughalter überprüft.

Sicher ist auf Grund der Fließrichtung, daß das tote Mädchen unterhalb von Arneburg in die Elbe geworfen wurde. Das wiederum heißt, daß Heidi, tot oder lebend, noch einmal auf der Fernverkehrsstraße 107 durch ihren Heimatort gekommen ist.

Für die Kripo ist es auch heute noch unwahrscheinlich, daß der leblose Körper von der Eisenbahnbrücke Hämerten oder der Straßenbrücke in Tangermünde gestoßen wurde. Der Grund: zu auffällig. Wahrscheinlicher ist es, daß die Leiche vom Ufer oder von einer Elb-Buhne ins Wasser geworfen wurde. Doch der genaue Ort ist ebenso unbekannt wie der Tatort.

Erwiesen hingegen ist, daß Heidi noch in der Nacht nach dem Discobesuch umgebracht wurde.

Es gab damals viele Theorien. Einige Personen sagten bei den Verhören nicht die volle Wahrheit. Doch keine der Theorien konnte erhärtet, niemand als Täter überführt werden. Im Januar 1978 stellte die erweiterte Morduntersuchungskommission ihre Arbeit ein.

Die Tote auf der Landstraße

15. März 1979. Es ist kurz nach 22 Uhr, als Hans-Joachim D. auf der Landstraße zwischen Eickendorf und Glöthe (Kreis Schönebeck) nach Hause fährt. Er kommt von der Schicht im Schönebecker Traktorenwerk. Am Kilometerstein 12,4 erfaßt der Scheinwerfer seines Mopeds plötzlich etwas auf der Fahrbahn. Geistesgegenwärtig lenkt er rechts an dem „Bündel" vorbei, wendet und fährt zurück.

Er sieht eine junge Frau mitten auf der Straße liegen. Den Kopf voller Blut. „Unfall", denkt D. Dann fährt er nach Glöthe, wo seine Eltern wohnen, und alarmiert die Gemeindeschwester.

Beinahe zur selben Zeit wird der Abschnittsbevollmächtigte der Volkspolizei aus Eggersdorf zu einem Brand gerufen. Er kommt an der Stelle vorbei, wo der Körper liegt. Er sieht sofort: „Hier kommt jede Hilfe zu spät."

Mit schlimm zugerichtetem Kopf wurde die 19jährige Anita G. auf der Landstraße zwischen Eickendorf und Glöthe gefunden.

Die Polizei nimmt ihre Arbeit auf – ein Routinefall. Die Identität des Opfers wird schnell ermittelt. Es handelt sich um die 19jährige Anita G. aus Staßfurt. Die Untersuchungen gehen in Richtung Verkehrsunfall.

Dabei stellt sich heraus, daß zahlreiche Leute den Körper zwischen 21 Uhr und 22.05 Uhr auf der Straße liegen sahen. Doch niemand hielt an. Die meisten sagten später aus, daß sie dachten, da läge eine Schnapsleiche, andere wollten nicht „in irgendwas verwickelt werden".

Dann die unerwartete Wendung. Das Protokoll der Magdeburger Gerichtsmedizin deutet auf einige Ungereimtheiten. So gibt es am gesamten Körper nicht die kleinste Schramme, für einen Verkehrsunfall mit derartigen Kopfverletzungen unerklärlich. Die Kriminalisten stehen vor einem Rätsel. Die linke Kopfhälfte wurde „durch Einwirkung starker, stumpfer umschriebener (genau begrenzter, d. Red.) Gewalt", so das gerichtsmedizinische Gutachten, förmlich zerschmettert. Die rechte Seite hingegen ist völlig unverletzt. Damit wird die Verkehrsunfallversion Makulatur, Mord kann nicht mehr ausgeschlosen werden. Dieser Verdacht bekommt zusätzlich Nahrung, weil die Obduktion ergibt, daß Anita G. im fünften Monat schwanger war.

Die Morduntersuchungskommission (MUK) des Bezirkes Magdeburg nimmt den Bekanntenkreis der Toten näher unter die Lupe. Dabei stoßen die Ermittler auf Peter G. (Name geändert), der als Sanierer arbeitet. „Der Mann hatte schon einige Zeit lang ein Verhältnis mit der hübschen jungen Frau aus Staßfurt", so LKA-Kriminalist Bernd Lamprecht, der damals bei den Ermittlungen dabei war.

Ob das Kind, das die 19jährige erwartete, von G. ist, wird nicht festgestellt. Lamprecht: „Mit den heutigen wissenschaftlichen Methoden wäre es kein Problem, den Nachweis zu erbringen. 1979 waren wir jedoch noch nicht soweit." Die Kripo stützt sich in puncto Schwangerschaft auf ein Indiz – das Tagebuch der Toten. Darin schrieb sie detailliert auf, mit wem sie zusammen war. In den Monaten vor ihrem Tod stand nur noch der Name von Peter G. auf den Seiten.

Für die Ermittler nimmt der Fall Konturen an. Der Verdächtige gibt vorerst zu, am 15. März mit der jungen Frau auf der Landstraße zwischen Eickendorf und Glöthe gewesen zu sein. „Ich bin mit ihr rausgefahren. Wir haben uns erst unterhalten, dann gab es einen Wortwechsel. Anita ist aus dem Jeep raus. Ich bin ihr hinterhergefahren. Dabei muß ich sie wohl angefahren haben." Eine Variante, die durch das gerichtsmedizinische Gutachten so gut wie ausgeschlossen ist.

Später widerruft der mutmaßliche Täter diese Aussage auch und will gar nicht am Ort des Geschehens gewesen sein. „Dabei verstrickte er sich in Widersprüche", erinnert sich Lamprecht. „So will G. in einer Egelner Gaststätte Zigaretten geholt und Bekannte getroffen haben. Doch weder der Wirt noch die Bekannten bestätigten das."

Lamprecht: „G. kam am 12. April 1979 in Untersuchungshaft. Wir haben ihn rund um die Uhr verhört. Der Mann war nicht aus der Reserve zu locken. Ruhig und besonnen, aber konsequent leugnete er die Tat."

Einige Monate später, nach einem Haftprüfungstermin, ist der Mann wieder auf freiem Fuß. Die Indizien reichen nicht aus. Zu einem Geständnis war G. nicht zu bewegen. Anfang 1980 wird das Verfahren eingestellt, der Mörder nie gefunden.

15 Jahre später kommt noch einmal Bewegung in den Fall. Der Bruder der Toten meldet sich aus Hamburg, sagt: „Ich weiß, wer der Täter ist." Der Mann wird befragt, doch was er zu sagen hat, überzeugt die Staatsanwaltschaft nicht. Zur Zeit, als seine Schwester starb, wurde er in einer psychiatrischen Klinik gepflegt. Die Akten verschwinden wieder im Archiv.

Es ist nie zweifelsfrei geklärt worden, was sich in den späten Abendstunden des 15. März 1979 auf der Landstraße zwischen Eickendorf und Glöthe tatsächlich zutrug.

Die Frau hinter dem Grabstein

„Tschüß, bis morgen", verabschiedet sich Marianne B. am 28. Mai 1980 von ihren Arbeitskollegen. „Ich gehe über den Friedhof", sagt die 38jährige. Der Friedhof Schönebeck-Süd ist für die Frau zwar nicht unbedingt eine Abkürzung nach Hause, aber der Weg ist angenehmer, deshalb wählt sie ihn des öfteren.

Zu Hause in der Liebensteiner Straße wartet derweil der Ehemann. Es gibt eine Absprache zwischen den Eheleuten, daß man den Partner informiert, wenn es mal später wird. Doch an diesem Frühlingstag wollte die 38jährige pünktlich da sein. Der Ehemann macht sich Sorgen. Er erkundigt sich bei Bekannten und Verwandten und erfährt so auch von der Absicht seiner Frau, über den Friedhof zu gehen. Vergeblich sucht er dort nach ihr.

Am nächsten Tag ist Marianne B. immer noch nicht nach Hause gekommen. Ihr Ehemann meldet sie beim Volkspolizeikreisamt Schönebeck als vermißt. Die Kripo beginnt mit den Ermittlungen. Ein Polizeitrupp geht über den Friedhof, jedoch ohne die Vermißte zu finden.

Am 4. Juni kommt die Leiterin des Friedhofs aus dem Urlaub zurück. Für ihre Mitarbeiter gibt es nur ein Thema – das Verschwinden der Frau. Jutta K. entscheidet: „Wir suchen selbst noch einmal." Die Chefin läuft die Friedhofsseite an der Bahnstrecke ab. Es ist gerade soviel Platz, daß die Frau zwischen den Grabsteinen und der Mauerinnenseite gehen kann. Hinter einem Grabstein stößt sie auf einen Laubhaufen. Am hinteren Ende erblickt Jutta K. zwei nackte Füße. Sie erkennt auch eine schwarze Damenhandtasche.

Jutta K. alarmiert die Polizei. Als die Schönebecker Kriminalisten die Laubschicht abtragen, verdichtet sich der Verdacht, daß es sich um ein Sexualdelikt handelt: Die Bluse der Toten ist nach oben geschoben, und sie hat weder Slip noch Strumpfhose an. Beides wird knapp zwei Meter von der Fundstelle entfernt entdeckt. Die Strumpfhose wurde mit schier unmenschlicher Gewalt zerrissen.

Sehr schnell steht fest, daß es sich bei der Toten um Marianne B. handelt. Auch, daß Fund- und Tatort identisch sind, ist eindeutig. Am Grabstein haften 26 Blutspritzer, und an der Friedhofsmauer wird ebenfalls Blut entdeckt.

Die Obduktion in der Magdeburger Gerichtsmedizin ergibt, daß die

38jährige durch „vielfache, schwere, stumpfe Gewalt gegen Gesicht, Hals und oberen Brustbereich mit schweren Organverletzungen" starb.

Die Kripo bildet mehrere Ermittlungsgruppen. Bald füllt der Fall 15 Aktenordner, doch die verwertbaren Ergebnisse sind dürftig. Unweit des Tatorts wird zwar ein Taschentuch voller Blut, das nicht von der Toten stammt, gefunden, aber viel weiter hilft es den Ermittlern auch nicht.

Nach und nach geraten zwei Personen in das Blickfeld der Kripo. Einer von ihnen ist ein Friedhofsarbeiter. Er gilt als so aggressiv und unbeherrscht, daß sich sogar sein bärenstarker Bruder vor ihm fürchtet. Der Friedhofsarbeiter gibt sogar zu, die Frau am 28. Mai gesehen zu haben. Kriminalhauptkommissar Wolfgang Diefert erinnert sich an die Vernehmung: „Der Mann hatte bereits ein Teilgeständnis abgelegt. Aber als wir darauf zu sprechen kamen, wie er Marianne B. auf dem Friedhof traf, fing er zu schreien an, kriegte Schaum vor dem Mund und einen epileptischen Anfall."

Weil die Staatsanwaltschaft den Aussagen des offensichtlich kranken Mannes keine Beweiskraft zumißt und objektive Beweise nicht vorliegen, muß die Kripo den Friedhofsarbeiter von der Liste streichen.

Der zweite Verdacht fällt auf den Mann der Ermordeten. Nachforschungen ergeben, daß die Ehe nicht so harmonisch war, wie sie nach außen schien. Einige Aussagen des Ehemannes entsprechen nicht den Tatsachen. Er wird als Beschuldigter vernommen. Doch auch das bringt die Polizei nicht weiter.

Sie nimmt die Personalien von hunderten Besuchern des Schönebecker Südfriedhofes auf. Nach und nach werden diese Personen von Kriminalisten aufgesucht und gefragt, ob sie am 28. Mai etwas festgestellt haben. Doch auch das bringt nichts. Am 1. September 1981 wird der Mordfall „Marianne B." zu den Akten gelegt.

Im April 1997 holt Kriminalhauptkommissar Gerhard Behle den Vorgang wieder aus der Versenkung hervor. Bei der Magdeburger Kripo hatte sich ein Schönebecker gemeldet, der vorgibt, den Mörder von Marinne B. zu kennen. Der Täter habe sich ihm anvertraut, sagt er. „Wir gehen jetzt noch einmal alle Hinweise durch", so Behne. „Außerdem überprüfen wir gewissenhaft, inwieweit der Zeuge glaubhaft ist."

Doch es stellt sich bald heraus, daß die Angaben des Mannes die Kripo nicht weiterbringen. Die Akte wird zum zweiten Mal geschlossen. Nun endgültig?

Der Tag, an dem Ute G. verschwand

Der letzte Märztag des Jahres 1982. Lutz G. macht sich zum Training fertig. Zweimal in der Woche spielt der 28jährige Handball. Anschließend geht er dann meist noch mit den Mannschaftskameraden auf ein Bier in eine Halberstädter Milchbar. Es ist 19.45 Uhr, als er seiner Ehefrau Ute (24) einen Abschiedskuß auf die Wange gibt. „Geht ihr heute noch Bier trinken?" ruft sie ihrem Mann nach, der bereits dabei ist, die Parterrewohnung in der Westendorfstraße 28 zu verlassen. „Mal sehen", antwortet er.

Dreieinhalb Stunden später kommt Lutz G. nach Hause zurück. Was dann geschah, schildert er so: „Ich steckte den Kopf in die Stube und sah, daß meine Frau nicht auf der Couch lag. Ich dachte, sie ist bereits ins Bett gegangen. Ich hab' mir noch ein Brot gemacht und noch ein bißchen ferngesehen. Nach einer knappen halben Stunde habe ich mich dann ausgezogen und bin ins Schlafzimmer gegangen, ohne Licht zu machen. Als ich mich hinlegte, merkte ich, daß das Bett neben mir leer ist."

Nach eigenen Angaben läuft Lutz G. durchs Haus und sucht seine Frau: im Treppenhaus, im Keller, auf dem Hof, wo das Fahrrad seiner Frau wie immer am gewohnten Platz steht. Nichts. „Ich war beunruhigt, aber nicht besorgt", so G. „Ich dachte, Ute wird wohl gleich kommen. Denn weit weg konnte sie nicht sein. Sie hatte unseren anderthalbjährigen Sohn nie länger allein gelassen."

Lutz G. fällt in einen unruhigen Schlaf. In aller Frühe – seine Frau ist immer noch nicht da – nimmt er seinen Sohn und geht zum Volkspolizeikreisamt. Dort meldet er Ute G. als vermißt.

Die Kripo untersucht die Zweiraumwohnung und stellt fest, daß die Hausschuhe der Vermißten im Flur stehen. So, als sei sie gerade aus ihnen herausgeschlüpft, um noch einen kurzen Weg zu machen. Die Therme steht auf Kochstufe, das Geschirr zum Abwaschen bereit. Die Bügelwäsche ist zusammengelegt, aber noch nicht weggeräumt. Es fehlt ein Schlüsselbund, aber alle persönlichen Papiere der schwarzhaarigen Frau sind da.

Die Polizei beginnt eine großangelegte Suchaktion. Die gesamte Altstadt wird durchkämmt, besonders die vielen leerstehenden Häuser. Leichenhunde werden eingesetzt. Doch bis auf einen frisch vergrabenen Schäferhundkadaver finden die Fahnder nichts.

Seit dem 31. März 1982 spurlos verschwunden: Ute G.

In ihrem üblichen Rapport nach zehn Tagen stellt die Kripo sechs Theorien auf.

1. Ute G. wurde unter Vorspiegelung falscher Tatsachen aus dem Haus gelockt, vergewaltigt und später getötet.

2. Ute G. wollte ihren Ehemann vom Training abholen (15 Minuten zu Fuß von der Wohnung). Sie traf dabei auf ihren Mörder.

3. Ute G. verließ ihre Familie aus ungeklärten Gründen.

4. Ute G. beging „Republikflucht". (Hinter dem Haus hatten Bauarbeiter aus Österreich gearbeitet. Zu ihnen soll die junge Frau Kontakt gehabt haben.)

5. Ute G. beging Selbstmord. (Sie galt als sehr sensibel und war immer betrübt und niedergeschlagen, wenn sie von ihrer Mutter in Halle zurückkam. Sie soll sich in Halberstadt nicht wohlgefühlt haben.)

6. Ute G. wurde von ihrem Ehemann ermordet.

Der Ehemann wird für die Kripo mehr und mehr zum Hauptverdächtigen. Denn für die Zeit zwischen 23.45 Uhr und der Anzeige am nächsten Morgen gibt es nur die Aussage von Lutz G.

Bekräftigt wird der Verdacht, weil eine zweite Frau ins Spiel kommt – eine gemeinsame Studienkameradin. Die Polizei überprüft, ob diese Bekanntschaft ein Grund für Lutz G. gewesen sein könnte, seine Frau zu beseitigen.

Lutz G. dieser Tage zur „Volksstimme": „Wir drei haben uns sehr gut verstanden, das stimmt. Aber ein Verhältnis hatte ich mit Utes Freundin nicht. Erst nach Utes Verschwinden sind wir uns nähergekommen und haben später geheiratet."

Der Halberstädter beteuert bei den Verhören immer wieder seine Unschuld. Es habe zwar in der zweijährigen Ehe hin und wieder mal Unstimmigkeiten gegeben, aber es sei ein glückliches Zusammenleben gewesen. In Verdacht geraten auch Lutz G.s Eltern, die in derselben Straße wohnen. Sie sollen Ute G. dafür verantwortlich gemacht haben, daß es zwischen ihnen und ihrem Sohn zum Zerwürfnis kam.

Letztlich hat die Halberstädter Kripo jedoch für keine der Theorien einen Beweis. Da die Leiche fehlt, bleibt der Fall Ute G. „nur" eine Vermißtensache. Doch Kriminalhauptkommissar Gerd Pötter, der den Fall bis aufs i-Tüpfelchen kennt, ist sich sicher, daß Ute G., die als Ingenieurin beim Maschinenbau Halberstadt gearbeitet hat, einem Verbrechen zum Opfer fiel.

„An die Version", so Pötter, „daß sie nur mal über die Straße ist, um einen Brief in den Briefkasten der Hauptpost einzustecken, glaube ich nicht. Nach Aussagen Bekannter wäre sie nie in ihren Haussachen vor die Tür gegangen: Dafür war sie zu eitel."

Lutz G. hingegen favorisiert diese Theorie: „Zwei Tage nach ihrem Verschwinden kam ein Brief bei ihrer Schwester in Thüringen an. Wir wollten sie über Ostern besuchen. Es ist denkbar, daß meine ehemalige Frau beim Einstecken des Briefes überfallen wurde."

Gegen die Version, daß Ute G. unter dem Vorwand aus dem Haus gelockt wurde, ihr Mann habe einen Sportunfall gehabt, spricht, daß sie ihr Portemonnaie liegen ließ. Pötter: „Selbst in solchen Situationen, das lehrt die Erfahrung, steckt man neben den Schlüsseln auch Geld ein."

Für Lutz G. ist die Sache beendet: „Selbst, wenn meine Ex-Frau irgendwann wieder auftauchen sollte ... Ich bin wieder verheiratet. Habe den großen Sohn aus erster Ehe und einen Sohn mit meiner jetzigen Frau. Nur, wenn ich daran denke, daß Ute getötet wurde und sich lange quälen mußte, dann überkommt mich großes Mitleid."

Der Schädel unter dem Hexentanzplatz

Maria Sokolowski (61) wartet. Seit 1985. Sie hofft, daß eines Tages ein Brief im Postkasten liegt. Vielleicht aus Südamerika oder Australien. Ein Lebenszeichen ihres Sohnes mit der Erklärung, wo er all die Jahre gesteckt hat. Doch ihr Ehemann Siegfried schüttelt den Kopf: „Mach dir nichts vor, Maria, einfach abzuhauen, ohne uns ein Wort zu sagen – das hätte der Junge nicht gemacht. Siegfried ist tot."

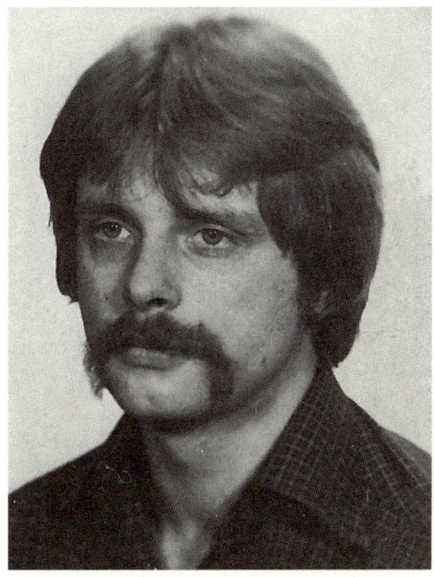

Von Siegfried Sokolowski aus Gröningen gibt es keine Spur.

Siegfried Sokolowski junior arbeitete im Dieselmotorenwerk Halberstadt als Dreher. Der hat goldene Hände, hieß es. Denn in seiner Freizeit drechselte er allerhand: Blumenständer, Kerzenleuchter ... Bald merkte der junge Mann aus Gröningen, daß er damit in eine DDR-Marktlücke gestoßen war. So mancher „Blaue" landete zusätzlich in seinem Portemonnaie; er kam mit dem Werkeln gar nicht nach. Mit seinem Bekannten, Klaus M., entschloß er sich deshalb, sein Hobby zum Beruf zu machen. Wenige Monate vor seinem Verschwinden kündigte er in Halberstadt.

Petra D., die damals mit Siegfried Sokolowski verheiratet war, erinnert sich an den 16. Mai 1985, den Himmelfahrtstag: „Mein Mann und Klaus

M. fuhren morgens nach Thale. Sie wollten auf dem Hexentanzplatz eine Herrentagsfeier machen."

Gegen 7 Uhr verabschiedet sich der Gröninger von seiner Frau. Er fährt mit dem Bus nach Halberstadt. Dort trifft er sich mit seinem Bekannten am Bahnhof. Nach ein paar Bieren in der Bahnhofskneipe fahren die beiden mit dem Zug nach Thale. Am späten Vormittag nehmen sie die Seilbahn zum Hexentanzplatz. Klaus M. sagt später aus: „Siegfried fuhr nicht gern mit der Seilbahn. ‚Hoch können wir die Gondel nehmen‘, so Siegfried, ‚aber runter gehen wir zu Fuß.‘"

Der Hexentanzplatz im Oktober 1982

Unter freiem Himmel feiern die beiden dann den Herrentag. Gegen 13.30 Uhr geht M. in einen Kiosk, um etwas zum Essen zu kaufen. „Als ich zurückkam, war der Stuhl leer, auf dem mein Bekannter gesessen hatte. Ich fragte einen Mann, der ebenfalls an unserem Tisch saß. Der antwortete, daß Siegfried wohl nur mal aufs Klo gegangen ist."

M. wartet am Biertisch vergeblich darauf, daß der 24jährige zurückkommt. Dann sucht er die Gegend ab. Erfolglos. Gegen 15.45 Uhr nimmt er dann Siegfrieds Lederjacke vom Stuhl und macht sich auf den Heimweg. Er hofft, seinen Freund noch am Bahnhof zu treffen. Doch auch dort ist er nicht.

Am nächsten Tag bringt er Petra Sokolowski das Jackett mit den Ausweisen. Die junge Frau geht kurz darauf zu ihren Schwiegereltern, sagt: „Siegfried ist weg. Er ist die Nacht nicht nach Hause gekommen." Zwei Tage später meldet sie ihren Mann bei der Polizei als vermißt.

Eine der größten Suchaktionen im Bezirk Magdeburg beginnt. Hubschrauber kreisen über dem Bodetal, Bergsteiger seilen sich vom Hexentanzplatz ab. Ohne Erfolg. Auch Suchtrupps der Forst- und der Jagdgesellschaft Thale finden keine Spur von Sokolowski.

Das Ministerium für Staatssicherheit interessiert sich für den Fall. Zum einen, weil der Gröninger nur etwa 20 Kilometer Luftlinie von der „Staatsgrenze West" verschwand, zum anderen, weil er während seiner Armeezeit bei den Grenztruppen schon mal „Fluchtgedanken" geäußert haben soll. Doch obwohl die Stasi das gesamte Umfeld des Verschwundenen akribisch abklopft, bleibt sie ebenso erfolglos wie die Kripo.

1988 wird der Fall zu den Akten gelegt. Bis zum 27. Juli 1991. An diesem Tag machen Bergsteiger, die sich unterhalb des Hexentanzplatzes abseilen, einen grausigen Fund. Zwischen zwei Bäumchen liegt ein Totenschädel. Ihm fehlt der Unterkiefer. Die Vermißtensache Sokolowski wird wieder aktuell. Anhand der Zähne versucht die Kripo festzustellen, ob es sich um den Schädel des Verschwundenen handelt. Doch die Ermittlungen verlaufen im Sande, weil Sokolowski nie bei einem Zahnarzt war. Somit konnte die Identität auch nicht durch einen Vergleich festgestellt werden. Erneut verschwand die Akte im Archiv.

Bis heute hat niemand aus der Familie eine Erklärung, was mit Siegfried Sokolowski jr. geschehen sein könnte. Ex-Ehefrau Petra D.: „Wir waren damals fünf Jahre verheiratet. Es war eine gute Ehe. Unser zweites Kind war gerade fünf Wochen alt."

Die Eltern glauben nicht an Selbstmord, Unfall oder Flucht. „Unser Junge hatte keinen Grund, sich selbst umzubringen. Er hat auch nie etwas gesagt, daß er Sorgen hat. Und wenn er abgestürzt wäre, hätte man ihn damals bestimmt gefunden", so Maria Sokolowski. „Und wenn er in den Westen abgehauen wäre, hätte er sich doch spätestens nach der Wende wieder bei uns melden können", sagt Siegfried Sokolowski senior.

Inzwischen gibt es eine Methode, die es ermöglicht, anhand von Schädeln Gesichter zu rekonstruieren. Das Rechtsmedizinische Institut der Magdeburger Universitätsklinik hat mit diesem Schädelscannen bereits gute Erfolge erzielt. Doch im Falle des Schädels unter dem Hexentanz-platz kann das digitale Verfahren nicht angewandt werden. Denn durch eine „Verkettung unglücklicher Zufälle", wie es ein Kriminalist nennt, wurde der Schädel verbrannt.

Onkel Wolfgang

Am späten Nachmittag des 29. März 1986 macht ein Wasserschutzboot eine Patrouillen-Tour auf dem Elbe-Havel-Kanal bei Burg. Seit einigen Wochen schauen die Polizisten besonders genau ans Ufer und aufs Wasser. Der Grund: Ein elfjähriges Mädchen wird seit Ende Januar vermißt.

Es ist kurz vor 17.30 Uhr, als einer der Männer etwas entdeckt. Wenige Meter östlich vom Kanalkilometer 337,5 schwimmt ein Sack. Das Boot geht längsseits. Der Kaffeesack mit der Aufschrift „ CAFE Do BRASIL UNICAFE NON MEMBER" wird an Bord genommen.

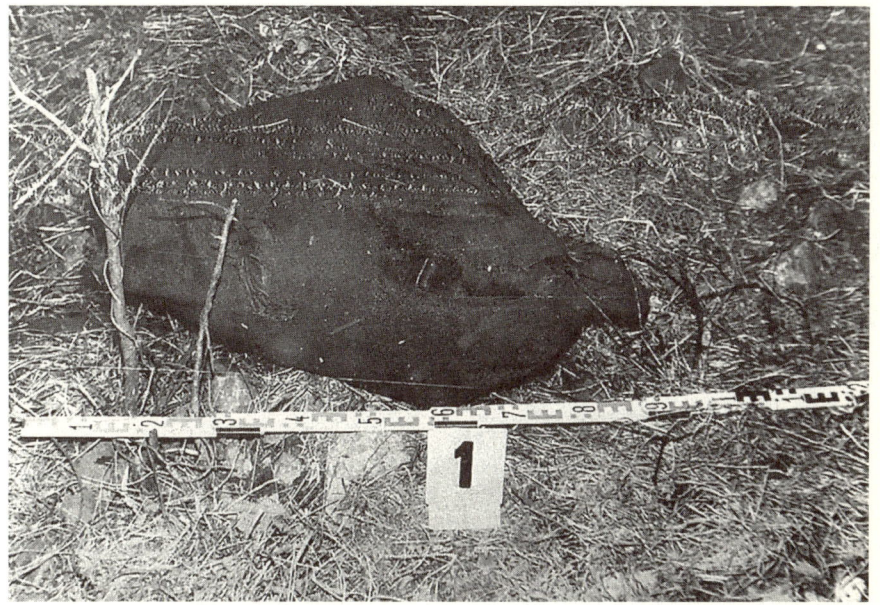

Der Kaffeesack, in dem das tote Kind lag

Als sie den Jutesack öffnen, sträuben sich den Polizisten, die einiges gewöhnt sind, die Haare. Sie finden eine zusammengekrümmte Kinderleiche mit einem Seil um den Hals. Langes, blondes Haar, unter dem linken Auge eine sichtbare Narbe – kein Zweifel: Es ist Nancy G. aus Burg. Das Kind, das seit dem 24. Januar 1986 gesucht wird. Der Mörder hatte Nancy den eigenen Schlüpfer weit in den Hals geschoben. Daran erstickte das Mädchen. Ein Sexualdelikt.

Kriminalhauptkommissar Wolfgang Diefert war damals bei der Morduntersuchungskommission (MUK) der Volkspolizei-Bezirksbehörde Magdeburg. Bei ihm liefen alle Ergebnisse des Falles zusammen. Diefert erinnert sich: „Nancy war ein Kind, das relativ allein auf sich gestellt war. Die Eltern arbeiteten in der Landwirtschaft in Schichten, zu ihrem älteren Bruder hatte Nancy kein besonderes Vertrauensverhältnis. Die Elfjährige war für jedes liebe Wort zugänglich, faßte schnell Vertrauen zu Fremden. Besonders dann, wenn ihr ein kleines Geschenk versprochen wurde.“

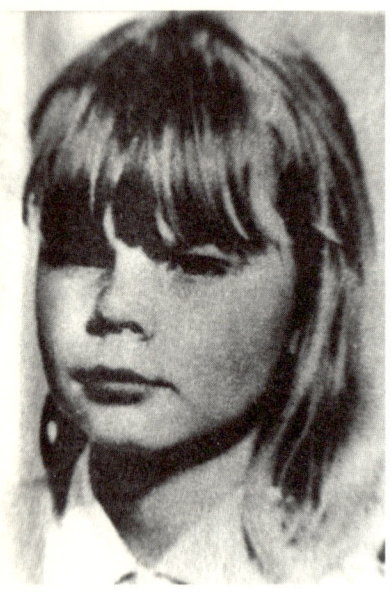

Nancy G.

Am 23. Januar macht sich das Mädchen wie an jedem Tag gegen 6 Uhr auf den Weg zur Hermann-Matern-Schule. Eine Nachbarin, die weiß, daß Nancy häufig für ihre Lehrerin beim Bäcker vorbeigeht, ruft ihr zu: „Bringst du mir Brötchen mit?“ Die Elfjährige antwortet: „Ich kann nicht. Mein Onkel wartet auf mich, der fährt mich dann mit dem Auto zur Schule.“ Auch Kinder, die mit ihr zusammen zur Schule gehen, bestätigen später der Kripo, daß Nancy öfter von einem „Onkel“ gesprochen hat.

An der Kreuzung Blumenthaler Straße/Thälmann-Allee verabschiedet sich das Mädchen von ihren Schulkameraden und geht gegen 6.40 Uhr allein in Richtung Grünstraße. Es ist das letzte Mal, daß sie lebend gesehen wird.

Erst am nächsten Tag bemerken die Eltern, daß ihre Tochter nicht zu Hause geschlafen hat. Diefert: „Es stand nicht alles zum Besten in der Familie. Nur so konnte es geschehen, daß Nancys Verschwinden erst nach über 24 Stunden gemeldet wurde."

Die MUK aus Magdeburg nimmt am 25. Januar ihre Arbeit auf. Zeitweise ermitteln bis zu 25 Kriminalisten.

Der mysteriöse „Onkel" nimmt vage Gestalt an. Drei Tage vor ihrem Verschwinden hatte das Kind der Mutter gesagt, daß sie mit einem großen, dunkelhaarigen Mann am Parkplatz Kesselstraße verabredet ist. „Den kennt ihr auch", so das Mädchen. Ihrem Bruder erzählt sie zwei Tage später von einem Mann, der ihr am nächsten Tag an der Kaufhalle „Mitte" Altstoffe geben will (Nancy verdiente sich mit dem Sammeln von Altstoffen etwas zum Taschengeld dazu). Mitschülern sagt sie: „Wenn ich mal von zu Hause weglaufe, habe ich einen Onkel, wo ich hin kann." Ein-, zweimal nennt sie sogar einen Namen: Wolfgang.

Die Kripo forscht im gesamten Umfeld der Familie, sucht im Freizeitbereich des Kindes – im Kanuverein, bei den jungen Naturforschern, beim Handball. Es gibt den einen oder anderen Verdachtsmoment. Doch keiner wird zur heißen Spur.

Auch Veröffentlichungen in der Presse, Postwurfsendungen, Plakate, das Durchsuchen von Abrißgrundstücken, Ställen, Kellern, Böden und Laubensiedlungen bringt die Fahnder kaum weiter. Diefert: „Gemeinsam mit der Feuerwehr überprüften wir Grundstücke von Verdächtigen unter dem Vorwand der Brandschutzkontrolle."

Am 12. März hatte ein Mann wenige Meter vor der Kanalbrücke zwischen Burg und Parchau in einem Gebüsch Nancys Schulranzen gefunden. „Der Winter war über die Tasche hinweggegangen – keine verwertbaren Fingerabdrücke", so der Kriminalhauptkommissar. 17 Tage später war der Vermißtenfall zum Mordfall geworden.

„Ich hab' damals gedacht: Durch den Kaffeesack kriegen wir den Täter", sagt der Krimialist. „Doch ich wußte nicht, daß es solche Säcke zuhauf gibt. Fast jeder Obst- und Gemüsestand hatte sie, in der Landwirtschaft wurden sie genutzt. Es war nicht herauszubekommen, woher der

Sack stammte. Auch die Spuren von Tierhaaren darin brachten uns nicht weiter." Trotzdem ist es für Wolfgang Diefert bis heute so gut wie sicher, daß Nancys Mörder aus der Landwirtschaft kommt.

Die letzte Spur, die noch einmal verwertbar erschien, war die anonyme Beileidskarte, die Familie G. zur Beisetzung ihres Kindes erhielt. Sie war unterschrieben mit „Michael". Doch der Absender, der zehn Mark beigelegt hatte, wurde nie ermittelt.

Die Pastorin unterm Fichtenreisig

Am 4. September 1988 gehen Heike G. und eine Freundin spazieren. Die beiden 13jährigen haben sich eine Menge zu erzählen. An diesem Nachmittag laufen sie durch das Waldgebiet, das an die Schierker Sandbrinkstraße grenzt. Es ist 14.30 Uhr, als Heike G. dort eine grausige Entdeckung macht: Unter trockenen Fichtenästen ragen eine Hand, ein Unterarm und ein heller Schürschuh hervor.

Obwohl der Frauenkörper schon im Zustand der Verwesung ist, hat die Polizei bei ihrem Eintreffen kaum Zweifel, daß es sich bei der Toten um Waltraud Peper handelt. Die Pastorin aus Wernigerode war vom Superintendenten der Harzstadt am 27. August beim Volkspolizeikreisamt als vermißt gemeldet worden.

Die 60jährige hatte sich nach ihrem Urlaub, der vom 3. bis 26. August geplant war, nicht zurückgemeldet. Ein Paar, das sich am 27. August von der Pastorin trauen lassen wollte, wartete vergeblich.

Als Waltraud Peper drei Tage später immer noch nicht aufgetaucht ist, öffnet die Kripo die Wohnung der Vermißten. Alles sieht so aus, als ob die Frau ihre Wohnung nur für kurze Zeit verlassen hätte. Die „Volksstimme" vom 17. August liegt auf dem Tisch, die Zeitungen späteren Datums stecken noch im Briefkasten.

Schon zu diesem Zeitpunkt beginnt die Rangelei um die Kompetenzen. Das Ministerium für Staatssicherheit schaltet sich mit Vehemenz in die Ermittlungen ein, denn die evangelische Christin galt als unbequem, dem Staat DDR nicht gerade zugeneigt. Sie war in der Friedensbewegung engagiert und fuhr regelmäßig in die Bundesrepublik Deutschland.

Zwischen der Vermißtenanzeige und dem Auffinden der Leiche kommt die Kripo kaum einen Schritt voran. Kriminalisten, die damals an dem Fall mitarbeiteten, sagen später, daß sie bei den Ermittlungen regelrecht behindert wurden. So beschlagnahmte die Stasi alle Briefe, die in der Wohnung der Pastorin gefunden wurden, um sie „auszuwerten".

Das Kompetenzchaos setzt sich fort, als die teilweise skelettierte Leiche gefunden wird. Die Gerichtsmedizinerin aus Magdeburg, die am 4. September am Fundort eintrifft, kann nicht richtig arbeiten. 1991, als auf Anraten der Gauck-Behörde der Fall noch einmal aufgerollt wird, gibt die Medizinerin zu Protokoll, daß sie „keine normale Leichenschau" vor Ort durchführen konnte. Man habe sie darauf hingewiesen, daß „Leute aus Berlin" kommen.

Die Gerichtsmedizinerin schließt inzwischen nicht aus, daß es Schußverletzungen am Hals gegeben haben könnte. Auch, daß das Opfer erwürgt wurde, sei möglich. Im umfangreichen Obduktionsprotokoll von 1988 fehlen Hinweise auf die Todesursache.

Nachdem die Vermißtensache zum Mordfall geworden ist, beginnt die Kripo damit, die Personen von fast 30 Heimen zu befragen, die zwischen dem 17. August und dem 4. September in Schierke und Umgebung Urlaub gemacht haben. Darunter eine Menge Leute aus dem Partei- und Staatsapparat, die als vertrauenswürdig galten und deshalb ins Grenzgebiet durften. Auch hier schaltet sich von Fall zu Fall die Stasi ein.

In Schierke und Elend werden Fragebögen verteilt, durch die verdächtige, unbekannte Personen ermittelt werden sollen, die sich in der Gegend aufhielten. Doch keiner der wenigen Hinweise ergibt eine Spur. Der Mordfall wird als ungeklärt abgelegt.

Drei Jahre später, als der Fall erneut aufgerollt wird, stellt sich heraus, daß die Ermittler 1988 die Chance hatten, den Täter zu finden.

Damals war Walter K. (Name von der Redaktion geändert) nach 22 Jahren aus dem Gefängnis entlassen worden. Er sollte eine lebenslängliche Haftstrafe verbüßen. K. hatte Anfang der 60er Jahre in Friedrichroda (Thüringen) einen kleinen Jungen sexuell mißbraucht, ermordet und im Wald unter Holzscheiten versteckt. Außerdem wurden ihm weitere Sexualdelikte vorgeworfen. So hatte er sich an einer älteren Frau vergangen.

1988 kam K. nach Wernigerode. Dort hatte er über einen Briefwechsel eine Frau mit zwei kleinen Töchtern kennengelernt. Als die Kripo im Zusammenhang mit der Tat an der Pastorin alle wegen Mordes vorbestraften Personen unter die Lupe nimmt, bleibt K. unerkannt. Der Thüringer Kreis, aus dem K. nach Wernigerode gekommen war, hatte die Meldung versäumt. K. war viel mit dem Fahrrad unterwegs und hätte die Möglichkeit gehabt, die Pastorin zu treffen, die oft durch den Harz wanderte. Am Tatort wurde ein zersprungenes Brillenglas gefunden, dessen Stärke mit der des Brillenträgers K. identisch war. Nachfragen bei Optikern führten jedoch zu keinem Ergebnis.

K. sitzt heute im Maßregelungsvollzug einer psychiatrischen Klinik. Nicht wegen des Mordes an der Pastorin, den man ihm nicht nachweisen konnte, sondern, weil er sich an die Töchter seiner Lebenskameradin herangemacht hat. Eines der Mädchen hatte er mißbraucht.

Der Tod der alten Frau aus Nr. 9

23. Dezember 1988. Hilda Z. hat alles für Heiligabend vorbereitet: Die Geschenke sind besorgt und eingepackt, es ist eingekauft, und die Verwandten haben der 77jährigen einen Weihnachtsbaum gebracht. Hilda Z. freut sich auf die nächsten Tage. Denn die alleinstehende Frau hat nicht viel Abwechslung, nur hin und wieder die Besuche der Familie. Abends verriegelt sie wie immer ihre Wohnungstür, läßt jedoch das Küchenfenster einen Spalt offen. Was danach passiert, weiß nur noch einer – der Mörder der alten Frau.

Am nächsten Morgen geht gegen 7.50 Uhr über Notruf 110 bei der Polizei die Meldung ein: „Brand im Friedensweg 9." Als die Feuerwehr eintrifft, steigt schwarzer Qualm aus den Parterrefenstern des Fachwerkhauses am Rande von Gardelegen.

Beim Löschen finden die Feuerwehrmänner den Körper einer Frau. Er liegt zwischen Tisch und Kachelofen auf dem Bauch. Es ist die Rentnerin Hilda Z. Der Verdacht liegt nahe, daß die 77jährige beim Hantieren mit offenem Feuer etwas entzündet hat.

Unmittelbar nachdem die Flammen erloschen sind, beginnen die Brandexperten ihre Arbeit. Doch schon die ersten Untersuchungen ergeben: Das Feuer entstand nicht zufällig – es wurde gelegt. Im Abschlußbericht der Feuerwehr wird darauf hingewiesen, daß der Brand in unmittelbarer Nähe des Fundorts der Leiche seinen Ausgangspunkt hatte. Sogenannte Brandbeschleuniger, zum Beispiel eine leicht brennbare Flüssigkeit, hatte der Brandstifter, der nach Lage der Dinge auch der Mörder der alten Frau ist, nicht benutzt.

Den letzten Beweis, daß es sich nicht um einen Unfall, sondern um Mord handelt, bringt der 16 Seiten lange Obduktionsbericht der Magdeburger Gerichtsmedizinerin. So werden an der Halsvorderseite des Opfers Würgespuren, Unterblutungen und Verletzungen festgestellt. Hilda Z. wurde mit erheblicher Gewalt erwürgt. Ein weiteres typisches Symptom für diese Tatart sind die punktförmigen Blutungen in den Augenbindehäuten. Der Kehlkopf der Rentnerin ist gebrochen, und der Körper weist zahlreiche andere Verletzungen auf, die auf stumpfe Gewalt schließen lassen (Prellungen, Rippenbrüche). Vor ihrem Tode wurde die Frau mehrfach und heftig ins Gesicht geschlagen – vermutlich mit der Faust. In den Atemwegen befinden sich keine Rußpartikel. Hilda Z. war demnach bereits tot, als das Feuer gelegt wurde.

Die Kriminalisten von der Morduntersuchungskommission (MUK) sind sich nicht klar über das Motiv der Tat. Geld, Wertsachen – alles ist an seinem Platz. Die Version, daß die alte Frau einen Dieb überrascht hat, steht von Anfang an auf wackligen Beinen. Aber auch hier gibt die Obduktion Anhaltspunkte. Es ist nicht mehr ausgeschlossen, daß der Mord einen sexuellen Hintergrund hat. Auch die Tatsache, daß besonders der untere Körperbereich stark von den Flammen zerstört ist, kann ein Hinweis darauf sein, daß der Täter dort Spuren verwischen wollte.

Kriminalhauptkommissar Wolfgang Diefert untersuchte den Fall. „Die Tatortarbeit war äußerst schwierig", sagt er. „Außer der Leiche hatten wir so gut wie keine Anhaltspunkte. Im Zimmer waren durch die Löscharbeiten alle Spuren zerstört." Und auch die Vernehmung von drei alten Damen, die ebenfalls im Haus wohnten, bringt die MUK nicht weiter.

„Allerdings konnten wir fast ausschließen", so Diefert, „daß der Täter durch die Wohnungstür kam, denn der Riegel war von innen vorgeschoben. Die Feuerwehr mußte die Tür aufbrechen. Jedoch stand das Küchenfenster zum Hof einen Spalt auf. Das wäre ein Ansatzpunkt gewesen", ärgert sich heute noch der ehemalige MUK-Mitarbeiter. „Aber ausgerechnet aus diesem Fenster wurde beim Löschen das qualmende Inventar geworfen. Spuren gleich Null."

Die Familie der Toten wird befragt, ebenso Vorbestrafte, hauptsächlich Einsteigediebe, und alle, die sich in der Nacht vom 23. auf den 24. Dezember in der Nähe des Hauses aufgehalten haben. Vergeblich.

Beim nochmaligen Auswerten aller Fakten stoßen die Ermittler auf Spuren auf dem Hof des Hauses Nr. 9. Er grenzt an einen hohen Zaun, der das Grundstück von der russischen Garnison, der sogenannten Remonte-Schule, abtrennt. „Dort fanden wir auf beiden Seiten Übersteigestellen", sagt Diefert. Die Untersuchung bekommt nun eine konkretere Richtung.

Doch die DDR-Kriminalisten stehen auf ziemlich verlorenem Posten. Zuerst bleiben alle Anfragen vom zuständigen russischen Militärstaatsanwalt unbeantwortet. Diefert: „Entweder wußten sie mehr als wir, oder die russische Behörde wollte uns einfach nicht helfen." Die MUK-Leute vermuten, daß jemand, der so zuschlägt wie der Mörder, sich auch selbst Verletzungen an der Hand zugezogen haben muß. Doch als sich Monate später der sowjetische Staatsanwalt entschließt, die DDR-Behörden doch zu unterstützen, ist auch diese Minimalchance vergeben. Am 31. August 1989 werden die Ermittlungen eingestellt.

Letzte Spur: ein Lederhandschuh

Es ist kurz nach ein Uhr. Der letzte Sonderbus hält vor der Schönebecker HO-Gaststätte „Stadtpark". Es ist Sonnabend, der 17. Februar
1990, „Tag der Mitarbeiter des Handels". Die Konsumgenossenschaft
Schönebeck hatte zu einem geselligen Abend eingeladen. Darunter auch
junge Leute von der Fachschule für Konsumgüter- und Binnenhandel, die
von der Konsumgenossenschaft zum Studium nach Blankenburg dele-
giert worden waren.

Die ehemalige HO-Gaststätte „Stadtpark" in Schönebeck. Von dort fuhr die Studentin mit
dem Bus nach Plötzky.

Henriette Grobleben gehörte dazu. Die 22jährige hatte gerade das Prak-
tikum in ihrer Heimatstadt Schönebeck beendet und sich tagelang auf die
Betriebsfeier gefreut. Denn sie tanzte gern und war gern unter Menschen.
Die hübsche, dunkelblonde Frau hilft erst am Einlaß, dann stürzt sie
sich selbst ins Festgewimmel. Sie ist fröhlich wie immer, wird auch zu
dem einen oder anderen Gläschen eingeladen. Keiner der Freunde und
Bekannten ahnt zu diesem Zeitpunkt, daß er Jette zum letzten Mal sieht.

Henriette Grobleben steigt in den letzten Sonderbus. Wie Zeugen später aussagen, hat sie einen kleinen Schwips. Ein Bekannter fragt die Schönebeckerin, warum sie mit dem Bus fahren will, der über Plötzky nach Pretzin und zurück nach Randau fährt. „Ich will einen ehemaligen Freund in Pretzin besuchen", antwortet die Studentin.

Zwischen Plötzky und Pretzin verlangt sie vom Fahrer, daß er anhalten soll. Mitten auf der dunklen Landstraße steigt die 22jährige aus. Kurze Zeit später, als der Bus auf der Rücktour an derselben Stelle vorbeikommt, steht das blonde Mädchen winkend am Straßenrand. Sie steigt wieder zu. Gegen 1.45 Uhr hält der Bus in Plötzky. Henriette verläßt das Fahrzeug. Sie vergißt einen schwarzen Lederhandschuh.

Die gelernte Verkäuferin wird gegen 2.30 Uhr im Jugendklub in Plötzky gesehen. Nach Angaben von Zeugen hatte sie einen Beutel bei sich, in dem sich Flaschen befanden. Sie hofft, ihren ehemaligen Freund zu treffen. Eine Viertelstunde später verläßt sie den Jugendtanz. Dabei sagt sie noch einmal, daß sie Peter B. in Pretzin besuchen will, mit dem sie bis Ende 1988 befreundet war, den sie jedoch seit Sommer 1989 nicht mehr gesehen hat.

In der Nacht, in der Henriette Grobleben verschwindet, hören die Eltern von Peter B., daß auf ihrem Hof der Hund anschlägt. Weil es Faschingszeit ist und in den Sälen der Umgebung eine Menge los ist, geben sie nichts darauf. Erst, als sie in den nächsten Tagen von der Polizei befragt werden, vermuten sie, daß der Hund von Henriette aufgeschreckt wurde.

Für die Kriminalisten steht bald fest, daß die junge Frau wirklich versucht hatte, ihren Ex-Freund zu besuchen. Denn auf dem Hof wird ein schwarzer Lederhandschuh gefunden. Er gehört zu dem, den Henriette Grobleben im Bus zurückließ. Ein weiterer Hinweis ist die abgebrochene Klinke am Hoftor. Die Schönebeckerin hatte sie schon mehrmals als Kletterhilfe benutzt, wenn sie ihren Freund besuchen wollte. Diesmal traf sie ihn jedoch nicht an. Der junge Mann war in Groß Rosenburg bei den Großeltern seiner Freundin.

Knut Petsche, der den Fall bearbeitete: „Wir ermittelten in drei Richtungen: Verbrechen – die junge Frau wollte per Anhalter nach Schönebeck zurück und wurde getötet; Unfall – sie wurde auf der Landstraße angefahren und danach irgendwohin verbracht; Unfall – sie ist auf dem Heimweg durch den Wald in einen der bitterkalten und tiefen Steinbruchseen gestürzt."

Eine große Suchaktion beginnt, Landesbereitschaftspolizei durchkämmt die Bungalowsiedlungen. Fährten- und Leichenhunde werden eingesetzt. Hubschrauber kreisen über dem Gebiet, in dem die Vermißte zuletzt gesehen wurde. Taucher in speziellen Thermoanzügen steigen in die
Seen. Henriette Grobleben bleibt spurlos verschwunden.

Henriette Grobleben

Volker und Gerda Grobleben, die Eltern, ließen nichts unversucht, um
ihre Tochter wiederzufinden. Der Vater: „Jette wäre nie freiwillig gegangen, ohne uns etwas zu sagen. Wenn sie noch lebt, hat man sie unter Dro-
gen gesetzt und entführt." Die Mutter: „Jette war an dem Tag, als sie verschwand, wie an jedem Tag, weder betrübt noch merkte man ihr irgend-
einen Kummer an. Am Sonntag wollte sie mein Mann wieder nach Blankenburg zur Fachschule fahren."
Am 13. Juli 1993 wird über den Fall in der RTL-Sendung „Spurlos" berichtet. Sieben Hinweise kommen danach. Kriminalrat Petsche: „Henriette soll im Hamburger Rotlichtmilieu gesehen worden sein." Auch Bekannten aus Schönebeck gegenüber soll sie früher schon einmal geäußert
haben, daß sie in den Westen wolle, um da Geld zu verdienen. „Aber die

Kollegen von der Davidswache, die den Hinweisen nachgingen, haben keinen Beweis dafür gefunden."

Familiäre Kontakte zur Hansestadt gibt es allerdings. Volker Grobleben: „Wir haben Verwandtschaft dort. Jette hatte nach der Wende, wie viele junge Leute damals, vom Westen geschwärmt. Wir sind dann mal nach Hamburg gefahren und haben uns alles in Ruhe angesehen. Haben uns nach Möglichkeiten erkundigt. Auch nach den Mietpreisen. Danach war Jette recht enttäuscht über die Chancen und hat gesagt: ‚Ich mache erst mein Studium fertig. Dann sehen wir weiter.'"

Der Feuerteufel im Theater

Der 20. Mai 1990 ist ein sonniger Tag. Mittags steigt die Quecksilber-
säule auf fast 19 Grad. Die richtige Temperatur, um etwas im Freien zu
tun. Jürgen G. hat an diesem Sonntag den Vormittag über in seinem Garten in der Berliner Chaussee gearbeitet. Um 12 Uhr macht er sich mit dem
Trabi auf den Heimweg.

Als er eine Viertelstunde später am Universitätsplatz vorbeifährt, ruft
sein zehnjähriger Sohn ganz aufgeregt: „Du, Vati, im Theater brennt's!"
Nun sieht auch Jürgen G. den Qualm, der aus dem „Maxim-Gorki-Thea-
ter" aufsteigt. Er gibt Gas und fährt zur Feuerwache in der Brandenbur-
ger Straße, wo er um 12.25 Uhr den Brand meldet.

20. Mai 1990: Das Magdeburger Theater steht in Flammen.

Zur selben Zeit schüttelt Ruth S. am Fenster einer Wohnung gegenüber
dem Theater Badezimmermatten aus. Auch sie sieht Rauch aufsteigen.
Die Frau denkt jedoch, daß er von einer nahegelegenen Baustelle kommt
und gibt nichts darauf.

Gegen 12.30 Uhr betritt Beleuchtungsmeister Karl-Heinz C. das große Haus durch den Haupteingang. Dort riecht der Mann, der seit 55 Jahren im Theater arbeitet, sofort den Qualm. Er geht, Böses ahnend, den beißenden Dämpfen bis zum Souffleurgang nach. Sekunden später sieht er entsetzt das Flammenmeer über der Hauptbühne. Er läuft zum Pförtner zurück, schreit: „Es brennt, ruf die Feuerwehr an!" Dann rennt er ins Theater-Casino und alarmiert die Kollegen, die auf den Probenbeginn um 13 Uhr warten.

Kriminalrat Knut Petsche hat sich nach dem Mittagessen gerade aufs Sofa gelegt, als das Telefon klingelt. „Im Theater brennt es", sagt die Stimme am anderen Ende der Leitung. Der Chef der Branduntersuchungskommission der Magdeburger Bezirkspolizeibehörde ist sofort hellwach. Um 14 Uhr ist er am Brandort.

Dort treffen nach und nach weitere Spezialisten ein: vom kriminaltechnischen Institut Berlin, von der technischen Überwachung, Brandermittler der Feuerwehr. Doch sie müssen sich gedulden. Selbst noch, nachdem gegen 16.30 Uhr das Feuer gelöscht ist. Einsturzgefahr. Als die Ermittler dann das ausgebrannte Gebäude betreten können, bietet sich ihnen ein Bild der Zerstörung. Knut Petsche: „Verbogene Eisenträger, glühendes, tropfendes Metall, der Schnürboden ein schwarzes Gewölbe."

Die Kripoleute richten sich im Raum der Maskenbildner ein. „Am Anfang haben wir in zwei Richtungen ermittelt: Brand durch technischen Fehler und Feuer durch fahrlässige oder vorsätzliche Brandstiftung", so der Kriminalrat.

Dabei fällt auf, daß einige elektrische Geräte nicht mehr dem allerneusten Stand entsprachen. Festgestellt wird zum Beispiel, daß defekte Thermomelder nicht ausgewechselt wurden. Jedoch steht nach einer Woche so gut wie fest, daß ein technischer Defekt nicht für den Brand verantwortlich ist. Immer mehr verdichtet sich der Verdacht, daß jemand bei der Brandentstehung „nachgeholfen" hat. Petsche: „Dann wurde es zur Gewißheit. Die Chemiker der Kriminaltechnik fanden Spuren von brandfördernden Mitteln – leichtbrennbare Flüssigkeiten – vorrangig im Bereich des Inspizientenpultes."

Nun, da es gewiß ist, daß es sich um schwere Brandstiftung handelt, verdoppeln die elf Soko-Leute ihre Anstrengungen. Sie stoßen dabei auf mehrere Leute, die ein Tatmotiv gehabt haben könnten: Zwistigkeiten unter Kollegen, Rache wegen der Entlassung.

Nach und nach kristallisiert sich jedoch eine konkrete Spur heraus. „Der Hauptverdächtige war ein Mitarbeiter des Theaters aus dem technischen Bereich", so der Kriminalist. „Wir haben ihn immer wieder vernommen, doch er hat nie gestanden. Und objektive Beweise konnten wir der Staatsanwaltschaft nicht präsentieren. Zu viele Spuren waren durch Feuer und Wasser vernichtet worden."

Am 20. Januar 1991 wird das Verfahren eingestellt. Was bleibt, ist ein Sachschaden von 4,2 Millionen Mark und die Überzeugung des Ermittlers, den Täter schon gehabt zu haben. Nur noch die Außenmauern des zwischen 1948 und 1950 gebauten Hauses mit einst 979 Plätzen können stehenbleiben. Wenn das Theater im Herbst 1997 wieder öffnet, wird der Bau mehr als 120 Millionen Mark verschlungen haben.

Petsche: „Der Brandstifter wollte wohl weder eine Kultureinrichtung zerstören noch Menschen gefährden. Das Ganze war, glaube ich, eher als Warnschuß aus persönlicher Verärgerung gedacht, der außer Kontrolle geriet. Doch natürlich mußte der Mann damit rechnen, daß das Gebäude in Flammen aufgeht. Und daß keine Menschen zu Schaden kamen, ist mehr als Glück. Hätten die Musiker bereits im Orchestergraben gesessen, wären sie von der Feuerwalze überrollt worden."

Kapitel 3

Mein größter Fall

Das Kind in der Fäkaliengrube

Am 29. August 1991 klingelt gegen 19.15 Uhr im Polizeirevier Klötze das Telefon. Eine Frau am anderen Ende der Leitung aus Jübar im Altmarkkreis Salzwedel berichtet aufgeregt, daß ihr dreijähriger Sohn verschwunden ist. Sie sei schon durch den ganzen Ort gelaufen, habe aber ihren Jungen nicht gefunden. „Verdammt", denkt Kriminaloberkommissar Steffen Popiolek, als er den Fall auf seinen Schreibtisch in der Stendaler Polizeidirektion bekommt, „jetzt haben wir auch bei uns eine Kindesentführung."

„In Niedersachsen hatte es damals gerade eine Reihe solcher Fälle gegeben", erinnert sich der Kriminalist. Auch die Mutter des kleinen René und die anderen vier Familien, die auf dem Bauernhof am Ortsausgang von Jübar wohnen, sind sich bald einig: Es kann sich nur um eine Entführung oder ein Sexualdelikt handeln.

Die Ermittler beginnen damit, die Leute im Dorf zu befragen. Über einen Lautsprecherwagen werden die Einwohner informiert und um Hilfe gebeten. „Unsere Suche begannen wir auf dem Grundstück und dehnten sie dann bis zum Ortsrand aus", sagt Popiolek. Eine leerstehende Kaserne der russischen Westtruppen wird durchsucht – nichts. Zwei Fährtenhunde werden eingesetzt. Sie nehmen die Spur auf, schnuppern im Hof und im Stall, doch sie verlassen das Grundstück nicht.

An der fieberhaften Suche beteiligen sich alle Nachbarn, auch Heinz L., der als kinderlieb gilt. Der 58jährige hat sofort eine Erklärung zur Hand, warum die Hunde außerhalb des Gehöfts keine Fährte finden: Sicher sei der Dreijährige in ein Auto gezerrt worden. Mehrmals kreuzt der eifrige Mitsucher L. wie zufällig die Fährte der Polizeihunde, doch alle halten das vorerst der Hektik zugute, mit der der Nachbar herumwuselt.

Für die Kripo gibt es bereits zu dieser Zeit außer der Entführungstheorie noch zwei weitere Optionen: Unfall oder Mord. „Am nächsten Morgen haben wir noch mehr Leute eingesetzt", so der Kriminaloberkommissar. „Ein Zug Bereitschaftspolizei suchte die Felder und Waldstücke der Umgebung ab, ein Hubschrauber versuchte aus der Luft, etwas zu entdecken."

Beim Absuchen des Hofes waren den Kriminalisten bereits zwei abgedeckte Klärgruben aufgefallen. In der größeren laufen die Fäkalien aus dem Kuhstall zusammen, die kleinere gehört zu den beiden Plumpsklos, die jedoch kaum noch benutzt werden. „Wir hofften alle, daß die Möglichkeit, in einer der Gruben René zu finden, sich nicht bewahrheiten würde", sagt Popiolek. „Aber wir mußten ja Gewißheit haben." Die Kripo besorgte einen Jauchewagen mit Saugrohr. An der Rohröffnung wurde ein Gitter angeschweißt.

Während alles zum Absaugen vorbereitet wird, geht die Befragung der 20 Personen, die sich am Vortag auf dem Gehöft aufgehalten haben, in die zweite Runde. Nach dem Motto: Wer war wann wo und mit wem? „Neben den fünf Familien ging es um weitere acht Leute. Alle hatten am 29. August zusammen gefeiert", sagt der Kriminalist vom 2. Fachkommissariat in Stendal. Als die Aussagen quer gelesen werden, fällt auf, daß sich alle gegenseitig Alibis geben – bis auf Heinz L. „Zum ersten Mal hatten wir so etwas wie einen Verdacht", erinnert sich Steffen Popiolek.

L. verstrickt sich in Widersprüche. Bereitschaftspolizisten erzählen, daß der 58jährige sie davon abhalten wollte, auf den Hof zu gehen. Dort sei doch schon alles abgesucht, habe er dem Einsatzleiter gesagt. „Auch die Geschichte, daß er in der Zeit, da er von der Feier weggegangen war, Viehfutter geholt hat, ist nicht haltbar."

Am späten Nachmittag kann Heinz L. dem psychischen Druck nicht mehr standhalten. Mit dem Satz: „Ich weiß, wo der Kleine ist", bricht der Damm. Als der Mann sagt: „Ich habe das Kind ins Klo geworfen", glaubt Popiolek erst, sich verhört zu haben.

Inzwischen war die Klärgrube bereits geleert worden. Auf dem Grund des zwei Meter langen Schachtes, der sich unter den Trockentoiletten erstreckte, hatten die Ermittler jedoch nichts entdecken können. Nur Müll, leere Coladosen, Verpackungen liegen da. Erst als sich um 20.15 Uhr ein Kriminaltechniker mit Atemschutzgerät abseilen läßt, wird der kleine Körper gefunden.

„Der Täter darf beim Verhör nicht mitkriegen, wie betroffen und entsetzt sein Gegenüber ist, sonst steht man auf verlorenem Posten", schildert Steffen Popiolek seine Gefühle. „Im Gegenteil, man muß Vertrauen aufbauen, sonst läuft man gegen eine Mauer."

Heinz L. gibt zu Protokoll, warum er den kleinen René auf so bestialische Weise tötete. Bei der Feier habe er sich über den Stiefvater des Jun-

Die zwei Trockenklos auf dem Hof. In die Toilette rechts warf Heinz L. den dreijährigen René.

gen geärgert. Er habe geglaubt, daß der etwas mit seiner Schwiegertochter im Schilde geführt hat.

L. war, vor sich hin grollend, nach draußen gegangen. Dort sah er das Kind spielen. Er wollte den Stiefvater erschrecken und den Kleinen im Plumpsklo einsperren. Als er in der Toilette war, änderte er jedoch sein Vorhaben. Er nahm René mit beiden Händen hoch, hielt ihn über die Abortöffnung und ließ ihn dann einfach fallen. Der 75 Zentimeter kleine Junge hatte in der über 1,20 Meter tiefen Grube, gefüllt mit Fäkalienschlamm, keine Chance. Später wurde bekannt, daß L. einige Zeit zuvor bereits seinen eigenen Hund auf diese Weise ertränkt hat.

Die Kriminaltechnik belegt die Aussage des Kindermörders. An seinem Pullover werden Faserspuren von Hose und Pullover des Kindes gefunden.

Am 25. November 1992 wird Heinz L. vom Landgericht Stendal wegen Mordes zu 15 Jahren Haft verurteilt. Ein psychiatrisches Gutachten attestiert ihm verminderte Schuldfähigkeit. Der Täter kommt in den Maßre-

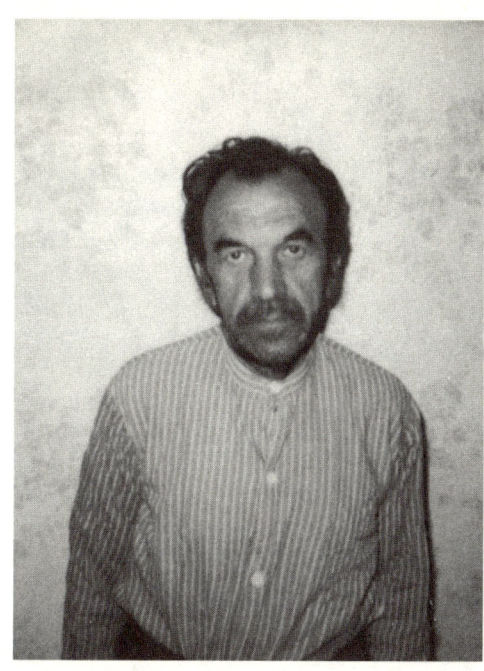

Der Mörder Heinz L. Er starb bei einem Unfall im Maßregelvollzug Uchtspringe.

gelvollzug nach Uchtspringe. Im August 1994 stürzt er bei einem Freigang innerhalb des Anstaltsgeländes. Wenig später erliegt er seinen Verletzungen.

Der Tote in der Bode

Seit einer Dreiviertelstunde sind ABM-Leute am 25. Februar 1992 dabei, den Müll aus einem kleinen Seitenarm der Bode in Thale wegzuräumen. Plötzlich stößt einer der Arbeiter im 40 Zentimeter tiefen Wasser auf einen Stapel Unrat: Bretter, Spanplatten, Linoleum. 8.45 Uhr. Der Mann wirft Stück für Stück ans Ufer. Was übrigbleibt, ist ein Bündel, eingehüllt in zwei Decken.

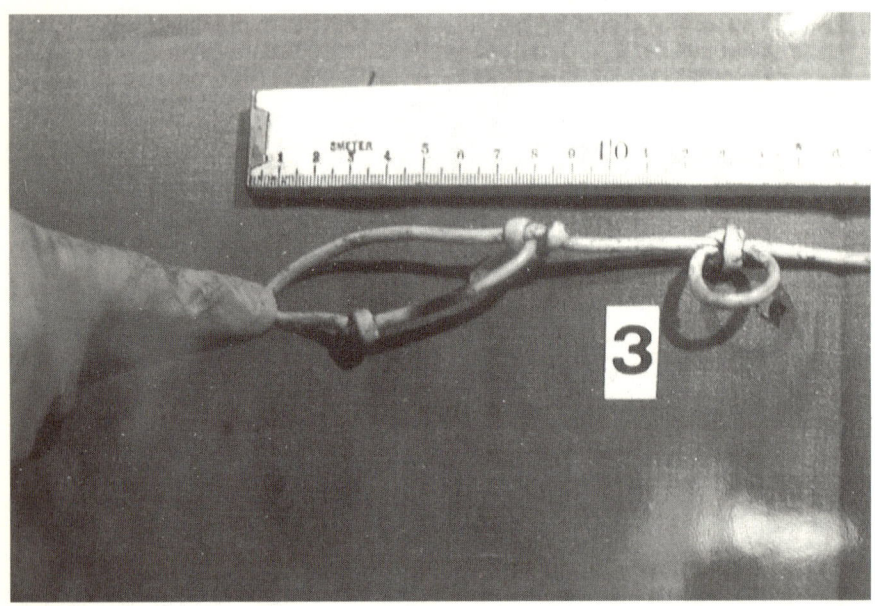

Die Leine, mit der dem Opfer die Beine zusammengebunden waren, lieferte der Kripo den Hauptbeweis.

Als sich der Bachreiniger die Umrisse des Päckchens näher ansieht, keimt in ihm ein schrecklicher Verdacht. Die ABM-Leute alarmieren die Polizei, und die Vermutung wird zur Gewißheit – in die Wollstücke ist ein menschlicher Körper eingewickelt. Für Kriminalhauptmeister Dietmar Schäfer von der Halberstädter Kripo beginnt sein größter Fall.

„Die Leichenschau vor Ort brachte keinen Hinweis auf die Identität des Toten", erinnert sich der Ermittler. „Wir fanden keine Papiere, und der Körper war in einem Zustand, daß man so gut wie nichts mehr erkennen konnte."

Parallel zur Obduktion blättern die Kriminalisten die Vermißtenfälle durch. „Dabei stießen wir auf Lothar A.", sagt Schäfer. Am 31. März 1991 war der ehemalige Arbeiter des Eisenhüttenwerkes Thale von seiner Schwester als vermißt gemeldet worden. Die Ermittlungen in der „Vermißtensache A." waren 1991 jedoch im Sande verlaufen. Der 53jährige, der nur wenige Meter vom späteren Fundort im Arbeiterheim gewohnt hatte, galt nicht als selbstmordgefährdet und war nicht geistig verwirrt. Die Polizei hatte deshalb keinen Grund gesehen, intensiver nach Lothar A. zu suchen.

Die Rechtsmediziner vergleichen das Gebiß des Toten mit den Angaben auf dem Vermißtenblatt. Außerdem stellen sie eine alte Fraktur am Bein fest. Bald ist sicher: Der Tote ist Lothar A. „Wir wußten nun, wer es ist und daß der Mann ermordet wurde. Zwar war die Todesursache nicht mehr festzustellen, aber wie der Leichnam verschnürt und abgelegt worden war, deutete zweifelsfrei auf ein Verbrechen hin", faßt Schäfer die Erkenntnisse wenige Tage nach dem Auffinden des Toten zusammen.

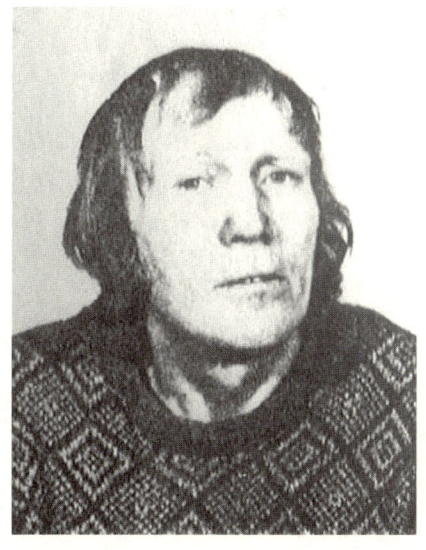

Lothar A. wurde am 25. Februar 1992 tot in einem kleinen Nebenarm der Bode gefunden.

Aber weder ein Motiv noch einen Tatort und schon gar keinen Verdächtigen hatten die Kriminalisten. „Wir fingen bei Null an und haben uns deshalb entschlossen, eine Sonderkommission zu bilden", sagt der Polizist.

Außerdem sei der Ermordete ein „Original" gewesen. Beinahe jeder in Thale habe den 53jährigen gekannt, der immer mit einem Cowboyhut herumgelaufen war. „Die Tat hatte sich wie ein Lauffeuer herumgesprochen und große Unruhe verbreitet. Wir waren im Zugzwang", so Schäfer.

„A. galt als fleißiger Arbeiter", erzählt der Kriminalhauptmeister. „Die Hobbys des Alleinstehenden waren der Fußball und die Kneipe. Als das Eisenhüttenwerk den Bach runtergegangen war, blieb nur noch die Kneipe übrig", charakterisiert er den Toten. Für die Soko ist das ein Ansatzpunkt. „Wir haben das Umfeld von A., speziell die Gaststätten, in denen er verkehrte, unter die Lupe genommen. Außerdem die Arbeitslosen im Wohnheim und den ehemaligen Kollegenkreis des Eisenhüttenwerks", berichtet der Fahnder.

Im Hof des Wohnheims, das gerade renoviert wird, finden die Kriminalisten herausgerissenes Linoleum. Es ist identisch mit den Stücken, die auf der Leiche lagen. „Ich hatte das Gefühl, daß wir auf einer heißen Spur waren", sagt Schäfer, „aber die Vernehmungen der Heimbewohner führten in eine Sackgasse." Viele der Bewohner hatten seit 1991 das Heim verlassen, andere wollten oder konnten sich nicht erinnern.

„Wir kamen keinen Schritt weiter. Die Zeit lief uns immer mehr davon", denkt der Soko-Mann zurück. 40 Vernehmungen bringen null neue Erkenntnisse. Die Halberstädter setzten ihre letzte Hoffnung auf die Kneipen. „A. hatte eine feste Route", sagt der Kriminalist. „Morgens ging er ins ‚Bodetal', trank dort und legte sich mittags aufs Ohr. Nachmittags war er dann im ‚Rübchen' im Ortsteil Benneckenrode zu finden." Die Recherche zeigt einen ersten kleinen Erfolg. Ein Ehepaar kann sich an A. erinnern. Am Ostersonntag 1991 habe er zwischen 22 Uhr und 23 Uhr das „Rübchen" verlassen, so die Aussage.

Doch nach einem guten Vierteljahr ist die Soko mit ihrem Latein am Ende. „Ich habe mich damals hingesetzt und bin noch mal alle Aussagen ganz systematisch und in Ruhe durchgegangen", erzählt Schäfer. Er stößt auf einen Heimbewohner, der beim ersten Gespräch so betrunken gewesen war, daß er der Vernehmung nicht folgen konnte. Diesen letzten Strohhalm ergreift der Kriminalist.

„Als ich den Mann erneut vorlud, hatte er zwar auch getrunken, war aber wenigstens noch ansprechbar. Und ich glaubte, meinen Ohren kaum zu trauen, als er sagte: ‚Ich weiß, wer den A. umgebracht und im Wald verscharrt hat.'"

Der Zeuge belastet Heiko W., einen jungen Mann aus dem Heim, der oft schwarzgekleidet als „Ninjakämpfer" im Wald herumläuft und mit dem Schwert herumfuchtelt. „Bei der Vernehmung am 22. Juni 1992 und der Rekonstruktion am Tatort hat W. dann alles zugegeben", sagt der Kriminalhauptmeister. Doch am nächsten Tag, vor dem Haftrichter, widerruft „das große Kind" sein Geständnis.

Jetzt will er nur Zeuge der Tat geworden sein. Zwei Männer hätten den angetrunkenen A. überwältigt, sagt er. Um den Körper zu binden, hätten sie im Trockenraum des Wohnheims eine Wäscheleine vom Pfahl geschnitten. „In seiner ersten Aussage hat Heiko W. noch gesagt, daß er die Schnur mit einem Feuerzeug abbrennen wollte", so Schäfer.

Die weiße Plastikleine mit der blauen Nylonseele wird zum entscheidenden Beweis. „Die Schnur hatte mehrere dunkle Stellen", sagt der Ermittler. „Erst habe ich gedacht, die stammen vom Rost des Wäschepfahls. Um sicher zu sein, wurde die Leine ins Labor des Landeskriminalamts nach Magdeburg geschickt." Von dort kommt die Antwort: Die Spuren sind thermischen Ursprungs. „Die Feuerzeugversion, die nur der Täter kennen konnte, war also die richtige", sagt der Kriminalist.

Der arbeitslose „Einzelkämpfer" Heiko W. hatte am Abend des 31. März 1991 am Fenster des Wohnheims gestanden und über Gott und die Welt nachgedacht. In diese Stimmung war der angetrunkene Lothar A. hineingeplatzt. Laut schimpfend, weil er das Schlüsselloch der Haustür nicht fand. Als A. auf das „Schnauze halten!" nicht reagierte, rastete W. aus. Er schlug mehrfach auf den Mitbewohner ein und trat ihm an den Hals, als er am Boden lag. Bevor er ihn in der Bode versteckte, nahm er ihm noch 200 Mark aus der Brieftasche.

Heiko W. wurde wegen Totschlags zu sieben Jahren Haft verurteilt.

Das Waffenlager unter dem Bett

Am 18. Mai 1993 durchsuchen Kriminalisten, unterstützt vom Sonder-einsatzkommando der Polizei, die Wohnung eines 51jährigen Magdebur-gers. Der 1. Kriminalhauptkommissar Horst Moreau glaubt, seinen Au-gen kaum zu trauen. „Das Schlafzimmer sah aus wie ein Waffenlager", erinnert sich der Kriminalist. „Auf dem Nachtschrank lag eine geladene Pistole, im Bettkasten eine Vielzahl scharfer Gewehre, Pistolen, Revol-ver. Sogar eine Kalaschnikow und eine sogenannte Pump-Action fanden wir. Im Schlafzimmerschrank lagen 300 Schuß Munition."

Bei einem 51jährigen Waffennarr wurde im Mai 1993 das bis dahin größte Arsenal von Feuerwaffen gefunden.

Ins Rollen gekommen war die Sache einige Tage zuvor in Cottbus. Dort hatte es bei einem Autogeschäft einen Streit zwischen Käufer und Ver-käufer gegeben. Einer der Männer hatte dabei eine Pistole gezogen. Die Spur führte nach Magdeburg. Deshalb hatte die Kripo Cottbus ihre Kol-legen in Sachsen-Anhalts Landeshauptstadt um Amtshilfe gebeten.

„Die Ermittlungen zur Herkunft der Waffen führten uns vorerst zu vier weiteren Tätern", sagt Moreau. „Alles Waffennarren. Niemand von ihnen hatte sich die Lang- und Kurzwaffen besorgt, um damit eine Bank zu überfallen. Alle waren leidenschaftliche Sammler. Trotzdem hatten sich diese Leute strafbar gemacht, indem sie gegen das Waffen- beziehungsweise Kriegswaffenkontrollgesetz verstoßen hatten." Der Gesetzgeber stuft den illegalen Waffenbesitz sogar als Verbrechen ein, weil der Besitzer jederzeit ein gefährliches Tötungsmittel griffbereit hat.

Wie der 1. Kriminalhauptkommissar sagt, hätte er sich nicht gewundert, wenn er damals im Garten der Beschuldigten einen Panzer gefunden hätte. Die Besonderheit dieses Falls lag in der Größenordnung der Waffensammlung. Wenige Jahre nach der Wende sei es eben noch keine Normalität gewesen, daß da plötzlich zuhauf Mordinstrumente herumlagen.

„Heute haben wir Kripoleute uns ja schon irgendwie damit abgefunden, daß es auf einer bestimmten kriminellen Ebene ohne Schußwaffe gar nicht mehr geht", bedauert Moreau. „Wer heute im Rotlicht-, Schutzgeld- oder Drogenmilieu mitmischt, trägt eine Pistole. Auch in Magdeburg." Unter den Personen, die 1993 nach dem Dominoprinzip ins Visier der Kripo gerieten, sind auch Leute, die heute „feste Größen im Bereich der organisierten Kriminalität" sind.

Bei den folgenden Hausdurchsuchungen im Mai 1993 kommt auch Makaberes zum Vorschein. So finden die Kriminalisten in einer Schrankwand im Keller eines Waffenfreaks einen menschlichen Schädel. „Natürlich konnten wir anfangs nicht ausschließen, daß da noch mehr im Spiel war als nur Waffen. Aber die Rechtsmediziner haben schließlich schnell bestätigt, daß der Totenkopf nicht mit einem Tötungsverbrechen im Zusammenhang stand." Der Waffennarr hatte angegeben, den Kopf vom Friedhof zu haben. Er habe ihn abkochen wollen, um ihn dann an Medizinstudenten verkaufen zu können. „Andere Beweggründe konnten wir ihm nicht beweisen." In einem weiteren Fall wurden 60 Gramm des Sprengstoffs Nitrozellularpulver entdeckt.

Der Haupttäter aus Magdeburg hatte mehrere Male als Gast bei einem Schützenverein geschossen. Nach Erkenntnissen der Kripo ist das auch heute noch für manchen „schweren Jungen" eine legale Möglichkeit, in den Besitz einer Waffe zu kommen und sie auszuprobieren.

In den meisten Fällen konnte Moreau den Weg der Waffen nicht mehr zurückverfolgen. „Meistens waren sie über Mundpropaganda angeboten worden", sagt er. Bei der Kalaschnikow hatten die Ermittler mehr Glück. „Damals waren alte NVA-Bestände in der Stahlgießerei Rothensee eingeschmolzen worden. Einer der Täter hatte dort gearbeitet."

Das Bundeskriminalamt in Wiesbaden und das Landeskriminalamt Sachsen-Anhalt hatten jede einzelne Waffe, von der belgischen Selbstladepistole über tschechische Waffen bis hin zur russischen Maschinenpistole, überprüft. „Definitiv stand fest, daß keine einzige im Zusammenhang mit einer Straftat eingesetzt worden war", sagt der Kriminalist. „Allerdings war aus einigen geschossen worden. Und die Beschuldigten gaben dann auch zu, im Freien Schießübungen mit der einen oder anderen Waffe gemacht zu haben."

Wie alle Kriminalisten wünscht sich auch Horst Moreau, daß der Gesetzgeber die Meßlatte für den Waffenkauf höher legt. Und das schon bei den Gasdruck- und Schreckschußwaffen, die heute jeder 18jährige ohne Schwierigkeiten bekommen kann. „Wer selbst schon einmal erlebt hat, welche schrecklichen Verletzungen es durch Schüsse aus solchen Waffen geben kann und wieviel Menschen jährlich dadurch sterben, wird schnell eine andere Meinung über die ‚harmlosen Schreckschußrevolver' bekommen", sagt der Ermittler.

Und dafür, wie man aus nicht beschußfähigen Schreckschußpistolen scharfe machen kann, gibt es viele Beispiele. „Ein Mann aus dem Kreis Schönebeck hatte sich damals über ein Versandhaus sogenannte Waffen-Rohlinge besorgt. Mittels einer Drehbank bohrte er die Läufe auf und machte so in kürzester Zeit scharfe Waffen daraus."

Der 51jährige Magdeburger, der mit seinem Waffenlager unter dem Bett die Lawine ins Rollen gebracht hatte, wurde am 10. November 1995 vom Amtsgericht Magdeburg zu einer einjährigen Haftstrafe auf Bewährung verurteilt, zwei weitere Hauptangeklagte zu acht beziehungsweise vier Monaten auf Bewährung.

Kriminaloberkommissar Detlef Hahn

Das Todesfeuer am 3. Advent

11. Dezember 1994 – dritter Advent. Gegen 9.30 Uhr geht eine Betreuerin mit Bewohnern des Diakonie-Heimes für geistig und körperlich Behinderte in Wernigerode in die gegenüberliegende Johanniskirche. Wie in solch einem Fall üblich übernimmt derweil eine andere Mitarbeiterin des Hauses die Betreuung der nicht gehfähigen Gruppenmitglieder aus dem Obergeschoß. Diesmal ist es eine 20jährige Praktikantin.

Maren P. räumt im Erdgeschoß auf und macht andere Arbeiten in der Hauswirtschaft. Zwischendurch schaut sie im Aufenthaltsraum eine Treppe höher nach dem Rechten. Dort halten sich die Behinderten auf, die nicht mit zum Gottesdienst gegangen sind. Um 9.35 Uhr bemerkt die junge Frau nichts Ungewöhnliches.

Zehn Minuten später begleitet sie einen Behinderten auf die Toilette im Erdgeschoß. Als sie gegen 10 Uhr das WC verläßt, hört sie Schreie auf dem Flur. Die Treppe nach oben ist in tiefschwarzen Qualm gehüllt. Ein Mann rennt auf sie zu und verlangt eine Decke, um zu löschen. Damit kämpft er sich nach oben. Trotz ihrer Angst behält Maren P. einen klaren Kopf: Sie bringt die Bewohner aus dem Erdgeschoß in Sicherheit und alarmiert dann die Feuerwehr.

Der Wernigeroder Feuerwehrmann Hans-Peter Grüning ist wenige Minuten nach dem Notruf als erster im Heim. „Dicke Rauchschwaden, ein Durchkommen ohne schweres Atemgerät war nicht möglich", gibt er später zu Protokoll. Als er sich den Treppenflur hinauftastet, hört er leises Wimmern. Er rettet den Mann, der mit der Decke nach oben gerannt war. Danach läuft er erneut zur Brandstelle.

Die befindet sich im Aufenthaltsraum. In einer Ecke des Zimmers schlagen die Flammen bis zur Decke. Später wird ermittelt, daß Temperaturen zwischen 350 und 700 Grad Celsius geherrscht haben. Vier weitere Personen, darunter eine Frau im Rollstuhl, werden gerettet.

Die Betreuerin aus dem Dachgeschoß hat ihre Schützlinge auf einem Balkon in Sicherheit gebracht. Von dort holt die Feuerwehr sie über eine Drehleiter herunter. Fünf Minuten später ist das Feuer gelöscht.

Fünf Personen sind schwer verletzt: Verbrennungen zweiten und dritten Grades, innere Verbrennungen durch das Einatmen der heißen Dämpfe,

Rauchvergiftungen, Schock. Sie werden mit Rettungshubschraubern in Spezialkliniken von Aachen, Gelsenkirchen und Offenbach geflogen. Doch für zwei Opfer kommt jede Hilfe zu spät. Die 60jährige Rollstuhlfahrerin erliegt am 12. Dezember ihren schweren Verletzungen, eine 34jährige Frau stirbt elf Tage später.

Das Feuer brach im Aufenthaltsraum hinter einer sogenannten Flachstrecke für Stereogeräte aus.

Die diensthabende Gruppe der Kripo beginnt ihre Arbeit. Beim oberflächlichen Absuchen des Aufenthaltsraumes findet sie unter Dämmstoffen, Spanplatten und Brandschutt ein zusammengeschmolzenes Bündel roter Wachskerzen. Im vorläufigen Bericht richtet sich deshalb ein Anfangsverdacht gegen die Praktikantin. Es wird vermutet, daß sie im Aufenthaltsraum die Kerzen am Weihnachtsgesteck entzündet hat, die dann Ausgangspunkt für das schreckliche Ereignis wurden. Die Staatsanwaltschaft ermittelt wegen fahrlässiger Brandstiftung und fahrlässiger Tötung. Maren P., die völlig am Ende ist, als sie erfährt, daß gegen sie ermittelt wird, beteuert ihre Unschuld. Die Kerzen hätten nicht gebrannt.

Montag früh bekommt Kriminaloberkommissar Detlef Hahn den Fall auf den Schreibtisch. Der Brandschutzingenieur von der Polizeidirektion Halberstadt hat viele Jahre bei der Feuerwehr Ursachen von Bränden aufgeklärt, bevor er zur Kripo wechselte. „Au, da kommt Arbeit auf uns zu", sagte sich Hahn damals, nachdem er die ersten Berichte durchgelesen hatte. „Als ich zu der Passage mit den Wachskerzen kam, habe ich gedacht, da kann irgend etwas nicht stimmen", erinnert er sich. Der Grund: Kerzen schmelzen bereits in heißem Wasser. „Bei den Brandtemperaturen wäre von den Kerzen nichts mehr übriggeblieben", sagt der Kriminalist.

Mit einem Kollegen fährt er nach Wernigerode. Mit Pinsel und Spatel kratzen sie im völlig zerstörten Aufenthaltsraum Zentimeter für Zentimeter den Boden ab. An der Wand, an der auf einer sogenannten Flachstrecke Fernseher, Plattenspieler und andere Stereo-Geräte gestanden haben, lokalisiert Hahn den Ausgangspunkt für das Feuer. „Das erhärtete zuerst den Verdacht gegen die Praktikantin", sagt der Ermittler, „denn auf dem Plattenspieler hatte das Weihnachtsgesteck mit den Kerzen gestanden. Im Aufenthaltsraum, eine Etage tiefer, stand der Weihnachtskranz immer noch an derselben Stelle."

Der Kriminaloberkommissar rekonstruierte den HiFi-Schrank. „Anhand der Einbrennungen erkannte ich, wo der Brand entstanden sein muß", sagt er. „Es war an der Hinterfront, denn der vordere Teil war weitaus besser erhalten." Beim Rekonstruieren des Brandverlaufs wurde deutlich, daß die Kerzen beim Zusammenstürzen des Schrankes heruntergefallen waren, von Spanplattenteilen abgedeckt und somit vom Feuer geschützt wurden. „Die Kerzen als Brandursache", sagt der Kriminalist, „konnten somit ausgeschlossen werden."

Beim Weitersuchen stieß Hahn auf einen fast zerschmolzenen, halbrunden, metallischen Gegenstand. „Das Teil lehnte vor der Fußbodenleiste hochkant an der Wand", erinnert sich der Brandursachenermittler. „Als ich den Gegenstand zur Seite nahm, kam dahinter – zwar rußgeschwärzt, aber trotzdem gut erhalten – das Adventsgesteck zum Vorschein." Ein weiterer Beweis dafür, daß etwas anderes die Brandursache gewesen sein mußte.

„Für mich war klar, daß ein elektrisches Bauteil der Auslöser für den tragischen Fall gewesen war", sagt der Kriminalist. Um ganz sicher zu gehen, schickte er die Brandspuren an die Abteilung für Brände und Explosionen beim Landeskriminalamt Sachsen-Anhalt und forderte von den Magdeburgern ein sogenanntes Behördengutachten an.

„Anfang Januar 1995 erhielt ich das Gutachten. Brandursache war ein technischer Schaden", so Detlef Hahn. „Ob es nun der Dreifachverteiler war oder ein Elektrogerät, das auf ‚Stand-by' geschaltet war, konnte nicht mehr zweifelsfrei festgestellt werden."

Die Ermittlungen gegen die 20jährige Praktikantin wurden eingestellt. Es war eindeutig klar, daß das Adventsgesteck nicht entzündet worden war und somit auch nicht das Todesfeuer ausgelöst haben konnte.

Das Phantom der Volksbanken

Am 9. August 1994 betritt gegen 14 Uhr ein gut gekleideter Mann mit dunkler Sonnenbrille die Wolmirstedter Volks- und Raiffeisenbank. Zielgerichtet steuert er auf einen Schalter zu und fragt nach der Kreditabteilung. Man weist ihm den Weg in die obere Etage. Dort legt er der Bankangestellten ohne ein Zeichen äußerer Erregung einen handgeschriebenen Zettel hin. Er verlangt 80 000 Mark und droht, die Bank in die Luft zu sprengen. Der Räuber zeigt auf einen zigarrenkistengroßen Kasten und behauptet, im Kassenraum eine zweite Bombe versteckt zu haben.

Eine Mitarbeiterin holt aus dem Kassenraum das geforderte Geld. Seelenruhig steckt der blonde Mann die Bündel in seine Aktentasche mit den goldenen Ecken, die zum Markenzeichen des Räubers werden soll. Als er die Bank ohne Hast verläßt, macht die automatische Überwachungskamera eine Reihe guter Aufnahmen von ihm.

Bankräuber Hans-Dieter S. mit seinem Erkennungszeichen, der Aktentasche mit dem Goldrand

Kriminalhauptmeister Heiko Böwe vom 2. Fachkommissariat der Stendaler Polizeidirektion erinnert sich: „Der Täter ging Richtung Fußgängerbereich, dort verlor sich seine Spur."

Die Kriminalisten glauben, mit den außerordentlich guten Aufnahmen einen Trumpf in der Hand zu haben. „Wir sind damit gleich an die Presse gegangen", sagt Böwe, „doch niemand kannte den Täter."

Am 19. Oktober 1994 ist die Volksbank in Gröningen (Bördekreis) das Ziel des „Phantoms". „Diesmal war es ein Auszahlungsbeleg, auf den der Mann seine Forderung, 50 000 Mark, gekritzelt hatte", sagt der Ermittler. „In Gröningen sagte er noch: ‚Wenn Sie innerhalb von 30 Minuten die Polizei rufen, zünde ich die Bombe fern." Der Kasten, den er zurückläßt, erweist sich später als Attrappe.

In seinen Erpressungsschreiben drohte S. mit einer Bombe.

Es folgen Überfälle im Kreis Halberstadt auf die Volksbanken Schwanebeck (26. November 1994) und Groß Quenstedt (19. Dezember 1994). „Auch bei diesen Straftaten hatte der Täter die markante Tasche dabei."

Da nun feststeht, daß es sich immer um ein und denselben Mann handelt, arbeiten die Dienststellen in Halberstadt und Stendal enger zusammen. Doch am 5. Januar 1995 schlägt das „Phantom" erneut zu. Diesmal in Irxleben (Ohrekreis).

„Wir haben den Fall dann bei ‚XY – ungelöst‘, bei ‚Kripo live‘ und im Bundeskriminalblatt vorgestellt. Inzwischen waren 3 000 Mark Belohnung ausgesetzt worden", so Böwe. Diesmal melden sich zahlreiche Leute. Doch die meisten Hinweise erweisen sich als falsch.

Unter den vielen Meldungen gibt es auch einige kuriose. So die von Frau H. aus Köln. Sie schreibt: „Von Verstorbenen, die die Worte der Lebenden hören und auch ihre Gedanken verstehen können, bekam ich jetzt dazu die folgende Information: Der von Ihnen gesuchte Bankräuber wohnt in Stendal, Abteistraße 17." Es folgt die Bitte, die 3 000 Mark Belohnung auf das nachfolgende Konto zu überweisen. „In ganz Stendal gibt es keine Abteistraße", sagt der Kriminalhauptmeister.

Am 2. März 1995 ist die Volksbank in Vinzelberg (Kreis Stendal) an der Reihe. „Wir hatten zu diesem Zeitpunkt eine sogenannte Ringalarmfahndung organisiert", so Böwe. „Das heißt, alle Fahrzeuge, die sich nach einer Straftat in einem bestimmten Radius befinden, werden überprüft." Am 2. März fallen den Ermittlern zwei Pkws mit Gifhorner Kennzeichen auf. Doch die Überprüfung der Halter bringt keine interessanten Erkenntnisse.

„Erst als sich im Zusammenhang mit dem Überfall am 21. März 1995 auf die Sparkassenfiliale Rätzlingen (Ohrekreis) ein Zeuge meldet, der ein Auto mit GF-Nummer gesehen hat, wurden wir hellhörig", erinnert sich Böwe. Diesmal sind die Angaben konkret: dunkler BMW mit einer langen Schramme an der linken Seite. „Wir baten die Kollegen in Niedersachsen um Hilfe. Und die hatten mit dem Halter des Fahrzeuges sowieso noch etwas wegen einer Ordnungswidrigkeit zu klären", erzählt der Kriminalist. „Die Überprüfung des dunkelblauen BMW ergab, daß es das Fahrzeug vom Rätzlinger Raub ist."

Bei der Durchsuchung am 24. April 1995 stellen die Ermittler umfangreiches Beweismaterial sicher. So auch die Aktentasche mit den Goldecken. Hans-Dieter S. wird noch am selben Tag festgenommen. „S. offenbarte uns Wissen, das nur der Täter haben kann", sagt Böwe. „So erzählte er uns, daß er bei einem Überfall neben Geldscheinen auch einige Bündel Zeitungspapier eingewickelt bekommen hatte."

Insgesamt hatte Hans-Dieter S. bei seinen Banküberfällen 130 000 Mark erbeutet. Der BMW, den er von seinen Straftaten finanziert hatte, und teure Einrichtungsgegenstände wurden sofort beschlagnahmt.

Der 40jährige gesteht alle sieben Taten. Doch als er sein angebliches Motiv enthüllt, muß sich Böwe das Lachen verkneifen. Er habe, so der Überführte, im Auftrag der Polizei gehandelt, um zu testen, wie sicher die Banken vor Überfällen geschützt sind.

Hans-Dieter S. wurde zu sieben Jahren Haft verurteilt. Er kam in den Maßregelvollzug der psychiatrischen Klinik Uchtspringe.

Kriminalhauptkommissar Siegmar Leihe

Der „Autohasser" von Magdeburg

2. August 1996. Bei der Magdeburger Feuerwehr gehen innerhalb kürzester Zeit vier Notrufe ein. Der erste um 23.30 Uhr. Die Alarmierung ist immer dieselbe: Ein Auto brennt in Stadtfeld. Und auch nach Mitternacht haben die Männer noch lange keine Ruhe – bis zwei Uhr züngeln aus weiteren Kraftfahrzeugen die Flammen. Die Legende vom „Magdeburger Autohasser" wird geboren.

Dieser Wartburg ging am 3. August 1996 in Magdeburg Flammen auf.

„Wir brauchten eigentlich gar nicht auf die Untersuchungsergebnisse der Brandursachenermittler zu warten", erinnert sich Kriminalhauptkommissar Siegmar Leihe. „Sechs Autos in einer Nacht, in ein und demselben Stadtteil, das konnte kein Zufall sein."

Daß es sich wahrscheinlich immer um denselben Täter handelt, verrät den Ermittlern der sogenannte modus operandi – die Vorgehensweise. „Das vordere Dreiecksfenster war zumeist eingeschlagen worden. Der Täter hatte da hindurchgegriffen und von innen die Tür geöffnet", sagt Leihe.

Die Vermutung, daß der „Autohasser", wie der Brandstifter schnell von der Presse genannt wird, mit brennbaren Flüssigkeiten nachgeholfen haben könnte, bestätigt sich nicht. Später wird ermittelt, daß der Brandstifter so lange sein Feuerzeug unter die Sitze gehalten hat, bis sie Feuer fingen.

Die Brandanschläge hören nicht auf. Am 5. August um 0.50 Uhr steht der nächste Pkw in Flammen. „An diesem Tag haben wir eine Ermittlungsgruppe gebildet", sagt der Mann von der Magdeburger Polizeidirektion. „Die große Unruhe, die die Straftaten unter der Bevölkerung ausgelöst hatten, war Anlaß für uns, die Kräfte zu konzentrieren."

Siegmar Leihe wird Leiter der Gruppe. Er liest sich in die Akten ein. Und stößt auf einen ersten vagen Täterhinweis. „Kurz nach dem Brand am 3. August hatten zwei Polizeibeamte gegen fünf Uhr im Lichtkegel ihres Fahrzeugs eine Person weglaufen sehen", sagt Leihe. Doch die Beschreibung bringt bis auf die vermutliche Größe – 1,85 Meter – nicht viel.

Beamte der Polizeidirektion in Zivil werden in Stadtfeld eingesetzt. Polizisten vom Revier Mitte sind als Fahrradstreife unterwegs. Da kommt den Ermittlern der Täter selbst zu Hilfe: „Über Notruf 110 ging die Ankündigung bei uns ein: ‚In zwei Stunden brennt das nächste Auto'", erzählt der damalige Chef der Ermittlungsgruppe. Und wirklich, wie angedroht, züngeln erneut Flammen aus einem Pkw. Am 9./10. August dasselbe „Spielchen". Ein Mann warnt vor seinem nächsten Brandanschlag.

Die Kripo schaltet die Telekom ein. Über eine eigens geschaltete Nummer kann jeder die Stimme des „Autohassers" abhören. „Gleichzeitig wurde versucht, die Anrufe zurückzuverfolgen", sagt Leihe. In etwa gelingt das auch. Es muß eine Zelle in oder nahe der Großen Diesdorfer Straße sein. „Aber weil dort damals die Telefonhäuschen noch nicht digitalisiert waren, konnten wir die betreffende nicht hundertprozentig lokalisieren."

Die Kripo setzt „Raumstreifen" ein. Verdächtige Personen werden kontrolliert. Doch diese Art der Überwachung wird wieder fallengelassen. Dafür stehen jetzt bis zu zehn Zivilfahrzeuge in Stadtfeld. Die Polizisten darin sind mit Nachtsichtgeräten ausgerüstet.

„Weil wir uns sicher waren, daß der Täter Selbstaufklärung betreibt, das heißt, daß er sich vor der Tat genau vergewissert, ob Polizei in der Nähe ist, installierten wir an drei Telefonzellen im Bereich der Großen Diesdorfer Straße Videokameras", sagt der Kriminalhauptkommissar.

Am 30. August meldet sich in der Einsatzzentrale wieder die inzwischen schon bekannte Männerstimme. „In Minutenschnelle waren die Einsatzkräfte vor Ort, und in der Maxim-Gorki-Straße ging Beamten des Reviers Mitte ein Verdächtiger ins Netz."

Dennis P. leugnet in den ersten drei, vier Stunden, etwas mit den Bränden zu tun zu haben. Einige Zeit vergeht damit, die Alibis zu überprüfen, die P. für die Tatzeiten haben will. „Unter der Last der Beweise brach er dann jedoch zusammen", so der Ermittler. „Ein Arbeitskollege hatte die aufgezeichnete Telefonstimme des Täters erkannt." Hinzu kommt der Videobeweis. Außerdem hatte P. zwei Herrensocken in seiner Hosentasche, als er festgenommen wurde. Die hatte er immer über die Hände gezogen, um keine Fingerabdrück zu hinterlassen.

„P. gestand 16 Taten und beschrieb detailliert, wie er die Brände gelegt hat", erinnert sich Leihe an die letzten Stunden der Vernehmung. „Die Polizei habe er informiert, um größeren Schaden zu vermeiden, hatte der Täter gesagt. Er sei bei jeder Brandstiftung angetrunken gewesen." Als Motiv gab der „Autohasser" an, daß er einfach Aufmerksamkeit erregen wollte.

Dennis P. wurde am 26. März 1998 vom Amtsgericht Magdeburg zu einer Jugendstrafe von neun Monaten verurteilt. Sie wurde zwei Jahre zur Bewährung ausgesetzt. Zusätzlich erhielt er die Auflagen, den Wohnort zu wechseln und sich einer Alkoholtherapie zu unterziehen.

Der große Uhrenraub

„Überfall, hinlegen! Hörst Du nicht, hinlegen!" schnauzt der Mann die Schmuckverkäuferin an. Dabei fuchtelt er mit einer Pistole herum. Rosemarie F. und ihre Kollegin Ines R. haben Todesangst. Sie kauern auf dem Boden des Juweliergeschäfts in der Magdeburger City und hören, wie die Glasscheibe zur Schaufensterauslage zu Bruch geht. Einer der drei Räuber hat sie eingetreten. Er greift sich teure Uhren. Dann verlangt er von der Angestellten des Geschäftes Geld. Doch weil sie in ihrer Aufregung die Kasse falsch bedient, finden die Täter nur ein paar Mark. Kurz nach 12.30 Uhr ist der Spuk vorbei. Mit ihrer 100 000-Mark-Beute fliehen die Uhrenräuber.

Kriminalhauptkommissar Holger Rein erinnert sich an diesen 7. Juni 1996: „Die Personenbeschreibungen waren so dünn, daß wir nicht einmal ein Phantombild anfertigen konnten." Die Verkäuferinnen und eine Angestellte der benachbarten Apotheke, die die Männer weglaufen sahen, konnten lediglich sagen, daß einer maskiert war, die anderen beiden Basecaps und Sonnenbrillen trugen.

„Das Besondere an diesem Fall war auch, daß es zehn Wochen zuvor beim selben Juwelier schon einen Überfall gegeben hatte", sagt Holger Rein vom Dezernat für schwere Eigentumsdelikte der Magdeburger Polizeidirektion. Am 26. April hatte ein einzelner Täter einer Kundin die Pistole an die Schläfe gepreßt und von der Verkäuferin „Geld und teuren Schmuck" verlangt. „Damals war der Täter mit 300 Mark Bargeld und 15 Damenuhren im Wert von 6 311 Mark verschwunden. „Wir gingen davon aus, daß beide Taten in irgendeinem Zusammenhang stehen", so der Kriminalist. Auch damals hatte der etwa 20 Jahre alte Täter ein Basecap getragen.

Von Beginn an konzentriert sich Holger Rein deshalb auf beide Fälle. Aber: „Es war wie die Suche nach der Stecknadel im Heuhaufen", sagt er. „Wir wußten nicht einmal, ob es ein Fluchtauto gab. Und auch die Richtung, in die sich die Räuber abgesetzt hatten, war unbekannt." Zuerst überprüfen die Kriminalisten, ob es weitere Überfälle mit ähnlicher Vorgehensweise gegeben hat. Fehlanzeige.

„Das Diebesgut war unsere letzte Chance, an das Trio heranzukommen", so der Ermittler. „Wir waren gerade dabei, bundesweit eine Liste der gestohlenen Uhren herauszugeben, da half uns ein Zufall."

In Moers (Nordrhein-Westfalen), nahe der holländischen Grenze, wird die örtliche Polizei auf drei Personen aufmerksam, die in einem Auto mit Köthener Kennzeichen unterwegs sind. „Die Männer hatten sich im Rotlichtmilieu und in Diskotheken nach potentiellen Uhrenkäufern erkundigt", sagt Holger Rein. Das Trio aus Sachsen-Anhalt will 89 Uhren „im Paket" für 37 000 Mark unter die Leute bringen. Als die Szene abwinkt, gehen sie auf 15 000 Mark herunter. Dabei fallen sie einem Informanten der Kripo auf.

Die Moerser Polizei überprüft, ob die Uhren aus einer Straftat in Nordrhein-Westfalen stammen. Als das definitiv nicht der Fall ist, ermittelt sie über das Bundesland hinaus. Dabei stoßen die Kriminalisten aus Moers auf den großen Uhrenraub in Magdeburg. „Die Kollegen haben sich mit mir in Verbindung gesetzt, und wir verabredeten, daß ein Beamter zum Schein auf den Uhren-Deal eingehen soll."

Am Mittag des 11. Juni läuft das Schein-Geschäft im Hotel „Van der Valk". Als die Köthener danach in ihr Auto einsteigen wollen, werden sie vom Sondereinsatzkommando überwältigt.

„Wir waren davon ausgegangen, daß die drei bewaffnet waren", sagt der Magdeburger Kriminalhauptkommissar, der seit 1984 bei der Kripo ist. „Und unsere Vorsicht war begründet. Einer der Täter hatte eine geladene Pistole in der Tasche." 67 Uhren werden sichergestellt. Es ist zweifelsfrei ein Teil des Diebesguts aus dem Magdeburger Raub.

Noch am selben Tag fährt Kriminalhauptkommissar Rein mit einem Kollegen nach Moers. Am 12. Juni vernehmen sie René F. (22), Matthias R. (24) und Marco S. (18) aus Köthen. „Matthias R. und Marco S. schwiegen", erinnert sich der Kriminalist. „René F. hingegen legte relativ schnell ein Teilgeständnis ab."

Der Richter stellt drei Haftbefehle aus. Aber die Kripo muß sie erneut vernehmen, denn die drei belasten sich gegenseitig, als es darum geht, wer beim Raub die Waffe getragen hat. Die Alibis, die R. und S. angeben, erweisen sich bald als Luftblasen. „Durch René F. erfuhren wir, wie es zu dem bisher größten Überfall auf ein Juweliergeschäft im Bereich der Magdeburger Polizeidirektion gekommen ist", sagt Rein.

„René F. hatte Matthias Anfang der 90er Jahre in einer Drückerkolonne kennengelernt", gibt der Kripomann die Vernehmung wieder, „und über diesen später den 18jährigen Marco." F. habe 7 000 Mark Schulden bei Versandhäusern gehabt, weil er sich beim Möbelkauf übernommen hatte.

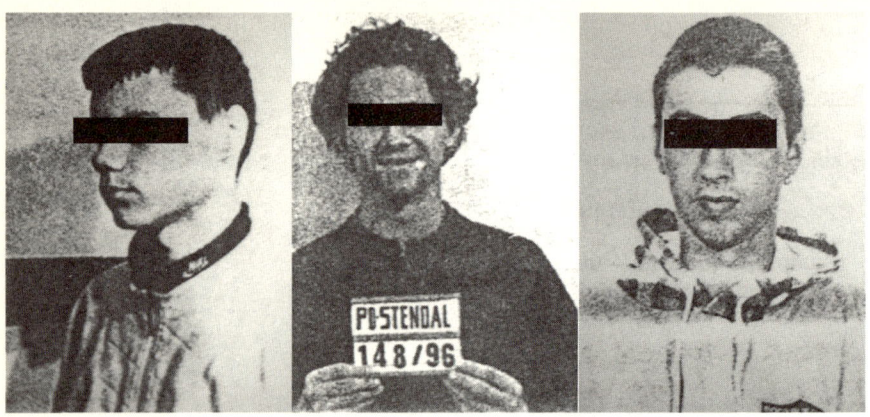

Marco S. (18): keine Aussage. Matthias R. (24) schwieg.   René F. (22) gestand den Überfall.

„Und als seine Freundin das zweite Kind bekam, war der finanzielle Druck immer größer geworden."

Das Trio hatte sich am Vorabend der Tat vorgenommen, in Magdeburg „irgendein Geschäft" zu überfallen, damit René seine Schulden los würde. „Den Leihwagen stellten sie hinter der Leiterstraße ab, und als sie beim Stadtbummel das Juweliergeschäft gesehen haben, seien sie ‚Feuer und Flamme' gewesen", sagt Rein. Die Pistole sei nur eine Schreckschußwaffe gewesen. Anschließend seien sie nach Moers gefahren, weil dort die Mutter von Matthias wohnte. Die Täter hatten geglaubt, dort unerkannt die „heiße Ware" verhökern zu können.

Matthias R. wurde zu einer Haftstrafe von fünf Jahren und drei Monaten verurteilt, René zu vier Jahren. Der 18jährige Marco erhielt unter Berücksichtigung einer weiteren Straftat eine Jugendstrafe von vier Jahren und sechs Monaten.

Der erste Raub bei dem Juwelier konnte den drei Männern nicht nachgewiesen werden.

Kapitel 4

Ungeklärte Kriminalfälle aus Sachsen-Anhalt

Der Kinderschänder mit dem Bart

Als das rote Auto mit Fließheck am 3. April 1991 an seinem Haus vorbeifährt, weiß Heinz M. noch nicht, daß wenige Minuten später ein schreckliches Verbrechen geschehen wird. Der Baderslebener Gastwirt wundert sich zwar, daß der Mann den Pkw am Feldrand stehen läßt und quer die 200 Meter über den Acker bis zum Marienbach läuft. Doch dann versperrt ihm eine Baumreihe die Sicht. Heute macht er sich Vorwürfe: „Hätte ich damals doch bloß auf meine innere Stimme gehört und nachgesehen."

Es ist kurz vor 16.30 Uhr. Katja (11) und Freund Domenic (10) spielen in ihrer „Butze" am Ortsrand von Badersleben (Landkreis Halberstadt). Das Mädchen hat einen Fotoapparat mitgebracht. Es will ein paar Aufnahmen von der Plantage am Marienbach machen. Sie fotografiert auch eine Autoschlange vor der geschlossenen Schranke. Dort hatte Sekunden zuvor noch der rote Pkw gestanden. Doch als Katja auf den Auslöser drückt, ist er schon in Richtung Feldmark abgebogen.

Die Kinder glauben, daß es jemand aus dem Dorf ist, der übers Feld in Richtung Plantage kommt. Sie springen über den Bach, um dort weiterzuspielen. Katja gibt später sinngemäß zu Protokoll: „Wir hörten es platschen (der Mann war beim Sprung übers flache Wasser hineingefallen). Dann stand er plötzlich vor uns mit einer Pistole in der linken Hand."

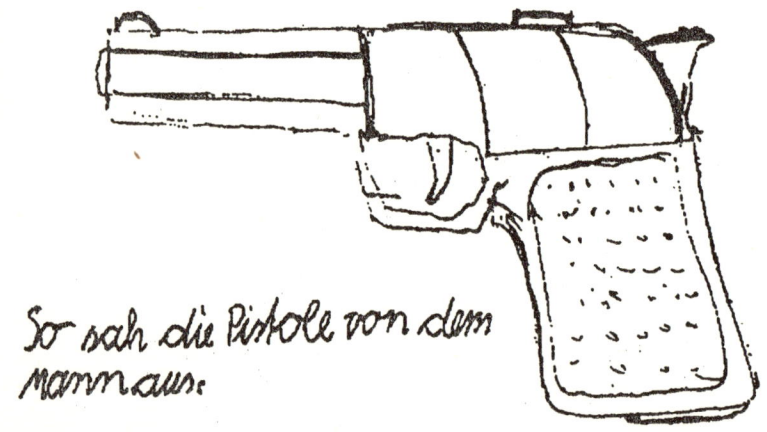

So zeichnete der zehnjährige Domenic 1991 die Waffe des Vergewaltigers.

Der Mann mit dem Oberlippenbart ruft den Kindern zu: „Stehenbleiben, ich bin von der Polizei!" Dann befiehlt er den Verängstigten, sich auf die Erde zu legen. Er durchsucht Katja und Domenic. Der Junge gibt ihm zwei Taschenmesser. Dann fragt der falsche Polizist die Kinder, ob sie Geschwister sind. Als sie verneinen, sagt er zu dem Jungen: „Du kannst gehen, sag den Eltern von dem Mädchen, daß es gleich wieder da ist."

Was danach geschieht, liegt noch heute wie ein schwarzer Schatten auf der Seele des Mädchens: Sie wird von dem Mann mißbraucht.

Holger Eheleben vom 2. Fachkommissariat der Halberstädter Kripo: „Nach der Tat lief der Mann zum Auto zurück und fuhr über einen anderen Feldweg davon. Der Verdacht liegt deshalb nahe, daß sich der Täter in der Gegend auskannte."

Katjas Mutter zur „Volksstimme": „Der Mann kann sich gar nicht vorstellen, was er meinem Kind angetan hat. Ob Katja den Schock jemals überwinden wird? Noch heute bekommt sie Angstzustände, wenn ein Fremder hinter ihr geht. Ich habe damals die Schlösser am Haus ausgewechselt, um ihr das Gefühl von Sicherheit zu geben, doch das war ja nur eine äußere Angelegenheit." Seit ein paar Monaten hat die hübsche Gymnasiastin einen Freund, der ihr schreckliches Erlebnis kennt und ihr mit viel Einfühlungsvermögen hilft, darüber hinwegzukommen.

Weil Domenic sofort seine Eltern informiert hatte, konnte die Halberstädter Kripo schon wenige Minuten nach der Tat am 3. April 1991 eine Großfahndung auslösen. Nach den Angaben der Kinder wurde eine Täterzeichnung angefertigt. Große Hoffnungen setzte die Polizei auf die Fotos, die Katja geschossen hatte. Es stellte sich heraus, daß auf einem das Täter-Auto zu sehen ist. Allerdings wurde es aus solch einer Entfernung aufgenommen, daß man den Wagen kaum erkennt.

Anhand des Fotos vom Bahnübergang wurden alle Autos, die dort hielten, identifiziert. Holger Eheleben: „Aber die Aussagen über das Täter-Fahrzeug, das dort wenige Augenblicke vor Aufnahme des Fotos in der Reihe stand, sind nicht eindeutig: roter Opel, Ford oder VW Passat mit Fließheck. Wahrscheinlich ein Kennzeichen des ehemaligen Bezirkes Magdeburg: Anfangsbuchstaben HD, HO, HDH oder HOH."

Obwohl die Kriminalisten damals rund 50 Besitzer roter Opel im Landkreis überprüften und jeder noch so geringen Spur nachgingen, blieb der Täter unentdeckt.

1992 dachten die Halberstädter, den Fall abschließen zu können. Katja glaubte, in einer Zeitschrift, die über einen Mörder aus Wittenberg berichtete, den Mann vom Marienbach erkannt zu haben. Doch der stritt die Vergewaltigung ab. Und da er als überführter Mörder nichts zu verlieren hatte, ist für die Kripo die Aussage glaubhaft.

Zwei Jahre später wurde die Vergewaltigung von Badersleben plötzlich wieder aktuell. Am 20. Oktober 1994 fuhr Jacqueline (9) mit dem Fahrrad durch einen Wald bei Lindow (Kreis Neuruppin) nach Hause. An einem Hochstand hielt sie ein Mann an, den sie erst für einen Jäger hielt: Gewehr, Fernglas, Messer.

Mit dem Messer zwang er die Schülerin, in seinen Pkw (wahrscheinlich ein Kleinwagen) einzusteigen. Dort fesselte er das Kind und deckte es mit einer Decke zu. Der Entführer fuhr mit Jacqueline in Richtung Harz. Auf Grund der Aussagen des Kindes vermutet die Kripo, daß es über Landstraßen ging. Auf der Fahrt wurde das Opfer mehrfach sexuell mißbraucht. In der Feldflur bei Schwanebeck – rund 15 Kilometer von dem Ort entfernt, wo Katja vergewaltigt wurde – übernachtete der Täter mit der Neunjährigen. Dabei mißbrauchte er sie erneut.

Am 21. Oktober 1994 ließ er das Kind frei. Es irrte völlig verstört in der Feldflur umher, bis es am Haus eines Taxifahrers klingelte.

„Die Täterbeschreibung ist fast identisch mit der, die uns Katja 1991 lieferte. Vieles deutet darauf hin, daß es derselbe Mann war. Auffallend ist wieder die Ortskenntnis", so Holger Eheleben von der Kripo Halberstadt.

Am Tatort wurde ein Strumpfetikett gefunden. Der Täter hatte ein neues Paar Socken angezogen. „Über den Hersteller ermittelten wir 84 Einzelhandelsgeschäfte in Berlin/Brandenburg", so der Kriminalist. „Wir schrieben sie an, doch bekamen kaum Antwort. Wir fanden auch Mon-Chéri-Papier. Aber auch das brachte uns nicht weiter." Sichergestellt hat die Kripo Sperma des Täters. So können Verdächtige auch nach Jahren noch zweifelsfrei als Täter überführt werden.

Im März 1998 – dreieinhalb Jahre nach der Tat, kann die Halberstädter Kripo zumindest den Fall „Jaqueline" zu den Akten legen. Als Täter wird mit Wilfried Michel ein vorbestrafter Sexualtäter überführt. Der Kindesmißbrauch wurde dem 55jährigen durch den sogenannten genetischen Fingerabdruck nachgewiesen.

Doch die Wissenschaft hätte keinen Ansatzpunkt gehabt ohne die zuständige Kriminalistin aus Halberstadt. Jana Peter hatte sich seit 1994 intensiv mit dem Fall beschäftigt und alles daran gesetzt, das Verbrechen aufzuklären. Stutzig wurde die Kriminalistin, als sie das erste Mal davon erfuhr, wie der Serienverbrecher Wilfried Michel bei seinen Taten – überfallartigen Sexualdelikten – vorging. Der ehemalige Fremdenlegionär hatte bereits von 1987 bis 1991 hinter Gittern gesessen, weil er eine Frau vergewaltigt hatte. Außerdem konnte bewiesen werden, daß sich der Mann ohne feste Adresse zur Tatzeit in Sachsen-Anhalt aufgehalten hatte. Er hinterließ bei einem Laubeneinbruch in Oschersleben einen Fingerabdruck.

Auf den begründeten Verdacht der Kriminalistin hin stellte die Staatsanwaltschaft beim Gericht den Antrag auf eine DNA-Analyse. Die DNA Michels wurde mit Spermaspuren in zwei Slips und einem Schlafsack sowie Schweißspuren, die in einem Taschentuch bei anderen Sexualstraftaten gefunden worden waren, verglichen. Sie waren identisch.

Ende Januar 1999 verurteilte die 1. Große Strafkammer am Landgericht Schweinfurt (Bayern) den 57jährigen zu 15 Jahren Gefängnis und anschließender Sicherungsverwahrung.

Dem Mann mit der beispiellosen kriminellen Karriere (insgesamt 20 Jahre Haft wegen Vergewaltigung, Diebstahls, Hehlerei, Bedrohung) wurde die mehrfache Vergewaltigung der neunjährigen Jaqueline ebenso nachgewiesen wie die Vergewaltigung von zwei zwölfjährigen Mädchen Anfang Oktober 1997 in der Saale-Elster-Aue bei Röpzig (Saalkreis). Zwei Wochen später hatte er in Großeibstadt (Bayern) die zehnjährige Christine mit vorgehaltener Waffe entführt und mißbraucht.

Gegen das Urteil legte Michel beim Bundesgerichtshof Berufung ein.

Der Mord an der Tonkuhle

Maik (10) kommt am 29. Juni 1991, am Kopf blutend, vom Spielen nach Hause. Die Geschichte, die er dann seinen Eltern aufgeregt erzählt, klingt so unglaublich, daß sie erst meinen, der Zehnjährige habe sich das Ganze ausgedacht.

Maik war an diesem verregneten Sommertag mit seinem Freund André (11) an der Tonkuhle unterwegs. Ein wild-romantisches Fleckchen Erde am westlichen Stadtrand von Stendal mit einem kleinen See, einem Wäldchen und einer wilden Müllkippe. Dort entdeckten sie ein Lagerfeuer und einen Mann, der daneben stand. Als die Kinder näher kamen, sahen sie eine zweite Person, die auf der Erde lag. Später werden Maik und André zu Protokoll geben, daß sie annahmen, der Mann sei betrunken.

Doch auch die Jungen wurden bemerkt. Mit ein paar schnellen Schritten war der Mann vom Lagerfeuer bei ihnen, stieß Maik zu Boden und schlug ihm mit etwas Hartem auf den Kopf. (Die Untersuchung ergibt, daß es sich dabei um einen Pistolengriff gehandelt hat.) Maik und sein Freund, auf den der Mann mit der Hand einprügelte, weinten vor Angst und Schmerzen.

Dann fesselte der Rasende den Kindern die Hände auf dem Rücken. Aber wie aus heiterem Himmel wurde er plötzlich freundlich und entschuldigte sich bei ihnen. Sie durften sogar mit seiner Schreckschußpistole schießen. Danach ließ er Maik und René laufen, warnte sie jedoch, nichts zu sagen: „Sonst bringe ich eure Eltern um." Die beiden nahmen die Beine in die Hand. Erst später werden sie erfahren, daß sie einem Mörder entwischt waren.

Als Maik seinen Eltern wieder und wieder beteuert, daß er keine Märchen erzählt, gehen sie zur Polizei.

Die Funkstreifenbesatzung, die sich über die verschlammten Wege quält, findet gegen 20.30 Uhr das Lagerfeuer und wenige Meter daneben, hinter Buschwerk, einen Toten.

Kriminalkommissar Steffen Popiolek vom 2. Fachkommissariat in Stendal ist als einer der ersten Kriminalisten am Tatort. „Es war ganz eindeutig", sagt er, „der Mann war keines natürlichen Todes gestorben. Sein Kopf war zerschmettert. Wenige Meter neben der Leiche fanden wir ein blutbeschmiertes Eisenrohr."

110

Der Täter hatte den ermordeten Altmetallsammler Norbert Bartel auf der Müllkippe hinter ein kleines Gebüsch gezogen.

Die Obduktion ergibt schwerste Schädelhirnverletzungen mit Zertrümmerung des Schädeldaches sowie der Schädelbasis mit Halsmarkquetschung.

Keine Schwierigkeiten gibt es bei der Identifizierung des Opfers. Popiolek: „Norbert Bartel war ein stadtbekannter Mann, der meist mit seinem alten Fahrrad und einem Anhänger unterwegs war. Der gelernte Landwirt verdiente sich mit dem gelegentlichen Verkauf von Buntmetallen etwas zum Arbeitslosengeld hinzu. Bartel suchte sich auf der wilden Kippe alte Stromkabel, brannte an einem Lagerfeuer die Isolierung ab und verscherbelte das Kupfer.“ Der 46jährige Stendaler aus der Nikolaistraße 65 galt als „ruhiger Vertreter“, der keiner Fliege etwas zuleide tun konnte.

Hatte die Kripo Stendal bei der Identifizierung des Toten keine Probleme, sah das beim Tatmotiv schon ganz anders aus. Bis heute tappen die Beamten in diesem Punkt völlig im dunkeln.

Obwohl die Ermittler auf Grund der Phantomzeichnung zig Verdächtige vernahmen und insgesamt 95 Spurenakten anlegten, gibt es bis heute nicht den geringsten Hinweis auf den Mörder.

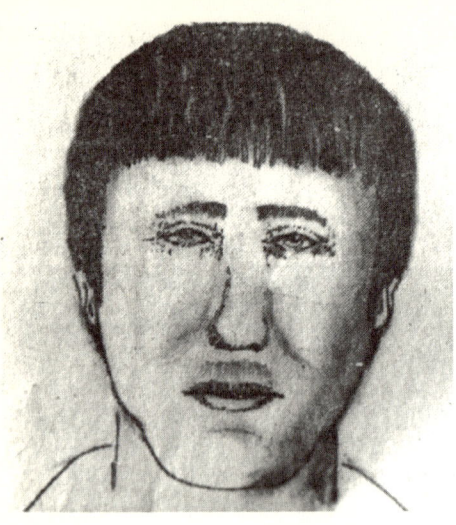

Das Phantombild des Mörders

Steffen Popiolek: „Die Jungen haben den Mann so beschrieben: zwischen 25 und 45 Jahre alt, Größe zwischen 1,70 und 1,85 Meter, schlanke bis kräftige Gestalt, rauhe, tiefe Stimme. Er soll hochdeutsch, ohne Sprachfehler gesprochen haben. Schwarze, glatte, kurze Haare, Oberlippe mit Bartstoppeln. Aufgefallen ist den Kindern ein erbsengroßer Leberfleck auf dem linken oder rechten Handrücken, zwischen Daumen und Zeigefinger. Der Täter soll F 6 geraucht haben."

Die Schüsse vorm Supermarkt

Donnerstag, der 1. August 1991. Es ist kurz vor 20 Uhr. Eigentlich hat der „Minimal"-Markt in Schönebeck schon geschlossen. Eine Verkäuferin steht am Eingang des Supermarktes und läßt nach und nach die Kunden hinaus. Da klopft es an der Glastür. Ein Mann um die Dreißig gibt ihr zu verstehen, daß er noch hinein möchte. „Ich brauche Milch für meine Kinder", sagt er. Die Frau an der Tür hat Verständnis und öffnet.

Verwundert ist die Verkäuferin jedoch, als sie den bärtigen Mann wenig später mit vollgepacktem Einkaufswagen zwischen den Regalen sieht. „Der hat dich aber ganz schön ausgetrickst", denkt sie.

Zur selben Zeit zählen Kassiererin Gisela H. und zwei Mitarbeiter im Büroraum des Marktes die Tageseinnahmen. Die heute 50jährige Kassiererin erinnert sich: „Beim Geldzählen bemerkten wir, daß es im Verkaufsraum sehr unruhig wurde. Dann hörten wir auch schon, daß dort jemand ‚Überfall!' rief. Ich wollte gerade die Polizei anrufen, da wurde plötzlich die Bürotür aufgerissen."

Der Mann, der eigentlich nur Milch kaufen wollte, steht mit einem Revolver im Raum. Den hält er Gisela H. an den Kopf und schreit: „Alles Geld einpacken, schnell, schnell!" Die Kassiererin zur „Volksstimme": „Der Verbrecher fegte das Telefon vom Tisch, riß die Strippe aus der Wand und machte ein Funktelefon kaputt." In Todesangst packen die Angestellten die Geldscheine in eine Plastiktüte. Draußen bemerkt ein Mitarbeiter den vollen Einkaufswagen vorm Büro. Er geht hinein und wird die vierte Geisel des Räubers.

Während der Räuber im Büro das Geld einkassiert, ereignet sich vorm Einkaufs-Center eine Tragödie.

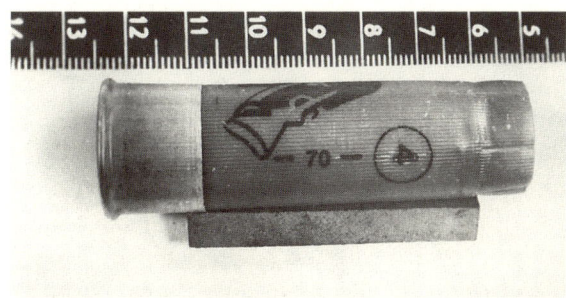

Die Schrotpatrone vom Tatort – ein seltenes Fabrikat. Patronen dieser Art wurden nur in 300 Waffengeschäften in Frankreich verkauft.

Mario K. (27) wartet 100 Meter vom Markt-Eingang entfernt im Skoda auf seine Freundin. Um ihr den Weg mit dem Einkaufswagen über den ungepflasterten Parkplatz zu ersparen, fährt er rückwärts aus der Parklücke auf den Eingang zu. Dort steht der Komplize des Kassenräubers.

Als der Mann mit Basecap sieht, daß ein Auto auf ihn zukommt, glaubt er, der Überfall sei aufgeflogen. Er vermutet, daß der Mann im Skoda ihm den Weg versperren will, reißt sein kurzes Schrotgewehr hoch und feuert durch die Beifahrerscheibe. Der Magdeburger Mario K. sinkt vom Fahrersitz durch die nur angelehnte Autotür zu Boden – tot.

Der erschossene Mario K. vor seinem Skoda

Er fällt genau vor das Moped-Vorderrad einer Angestellten, die gerade nach Hause will. Wie gelähmt vor Schreck blickt sie in den Gewehrlauf des Mörders. „Runter vom Moped! Auf die Erde!" Die zitternde Frau muß sich direkt neben den Leichnam legen. Dann treibt der Gangster die übrigen Leute vom Parkplatz in Richtung Supermarkt-Eingang. Der Imbißstandbesitzer Johannes P. ist der letzte. Ihm drückt der Killer das Gewehr in den Rücken.

Den Schuß und das Geschrei der Geängstigten hören auch die Mitarbeiter und Kunden im Verkaufsraum. Panik bricht aus. Einkaufswagen werden zur Seite gestoßen und kippen scheppernd um. Jeder versucht, ins Freie zu kommen. Der Räuber mit der Beute in der Hand treibt die Kunden rücksichtslos vor sich her. „Minimal"-Mitarbeiter öffnen geistesgegenwärtig die Notausgänge.

Gisela H.: „Es war grauenhaft. Wir versuchten, uns aufs Gelände des angrenzenden Sprengstoffwerkes zu retten. Mit bloßen Händen haben einige den Maschendrahtzaun zerrissen. Keiner weiß heute mehr, wie sie das geschafft haben."

Nach der gelungenen Flucht bricht die Kassiererin zusammen. Mit einem schweren Nervenleiden kommt die Mutter zweier Kinder ins Krankenhaus.

Die Panik nutzen die zwei Räuber zur Flucht. Dabei verlieren sie Geld aus dem Beutel. Ein ahnungsloser Passant sammelt die Scheine auf und läuft dem Gangster-Duo mit den Worten hinterher: „Sie haben Geld verloren."

Kriminalhauptkommissar Knut Petsche, der 1991 den Fall bearbeitete, vermutet, daß die Täter, die zu Fuß über die Hohendorfer und Magdeburger Straße flohen, in einem Rapsfeld am Supermarkt ein Fluchtauto geparkt hatten. „Gesehen hat das Auto niemand", sagt er, „aber dort verloren die Suchhunde die Spur."

Die Phantomzeichnung der Täter. Bild a zeigt den Mann, des das Geld raubte, Bilder b zeigen den Mörder.

Mit großem personellen Aufwand ermittelt die Polizei nach dem Überfall, der zu den brutalsten in der Nachwende-Zeit gehört. 10 000 Mark Belohnung sind ausgesetzt. Bis heute ohne Erfolg.

Die erwürgte Zeitungsfrau

Am 17. Januar 1992 häufen sich in Stendal gegen Mittag Anfragen, ob an diesem Tag die Zeitung nicht ausgetragen wird. Nachforschungen ergeben, daß keiner der Abonnenten in Stendal-Nord beliefert wurde. Und das, obwohl Zustellerin Christine K. (41) für ihre Zuverlässigkeit und Pünktlichkeit bekannt ist.

Krankheit, Unfall? Beide Vermutungen werden hinfällig, als das Dienst-Fahrrad der 41jährigen in der Bergstraße/Ecke Hansestraße entdeckt wird. An eine Hauswand gelehnt, wenige Meter von der Stelle entfernt, an der sie an jedem Morgen die Zeitungen abholt, um sie zu verteilen. Als auch zu Hause im Wohngebiet „Stadtsee" niemand öffnet, bekommt die Kripo die Sache auf den Tisch.

Dreieinhalb Jahre später sagt Tochter Rilana der „Volksstimme": „An jenem Freitag war meine Mutti noch nicht vom Austragen zurück, als ich zur Schule ging. Sonst kam sie immer um 6.30 Uhr. Nach der zweiten Stunde lief ich in die Wohnung zurück – immer noch nichts. Auch als ich mittags nach Hause kam, war Mutti nicht da. Ich hab' große Angst bekommen."

Die Stendaler Kriminalpolizei fahndet nach der Vermißten. Ein Fährtenhund verliert die Spur nach wenigen Metern. Die Suche per Hubschrauber ist ebenso erfolglos.

Die letzten Minuten vor dem Verschwinden von Christine K. werden rekapituliert. Um 2.15 Uhr hatte die Frau ihre Wohnung verlassen. Bis zur Hansestraße fiel sie niemandem im nächtlichen Stendal auf. Erst dort wurde sie vermutlich noch einmal gesehen. Ein älteres Ehepaar sagte aus, eine Frau beobachtet zu haben, als sie in ein Auto stieg. Die Personenbeschreibung paßt auf Christine K.

Tochter Rilana: „Gemeinsam mit der Polizei ging ich damals alle Bekannten und Verwandten durch. Wir fragten nach, ob Mutti dort ist. Doch alles umsonst. Von Tag zu Tag wurde meine Angst größer, daß etwas ganz Schlimmes passiert war." Und diese Befürchtung sollte einige Wochen später zur schrecklichen Gewißheit werden.

Am 8. März 1992 gehen ein russischer Offizier und seine Frau im Wald am GUS-Flugplatz Borstel bei Stendal spazieren. Sie werden auf etwas aufmerksam, das wenige Meter neben dem Forstweg in einer kleinen Mulde liegt. Als der Mann näher tritt, stellt er entsetzt fest, daß es eine unbekleidete Leiche ist. Tiere hatten Astwerk und Erde, mit denen der Körper bedeckt war, teilweise zur Seite geschoben. Trotz des sehr schlechten Zustandes des Körpers kann die Todesursache eindeutig festgestellt werden: „Gewalteinwirkung gegen den Hals." Mord.

Im Umkreis von 500 Metern verstreut, werden die Kleidungsstücke der Toten gefunden. Teile der Unterwäsche hängen in einem Baum. Bei der Leiche wird ein goldenes Feuerzeug gefunden.

Die Kripo geht jedem noch so kleinen Hinweis nach. Das Umfeld der Ermordeten wird beleuchtet. Dabei stößt die Kripo auf eine heiße Spur. Ein früherer Freund von Rilana scheint ins Täterraster zu passen. Er kannte den morgendlichen Weg von Christine K., wohnte sogar in der Nähe des „Zeitungslagers", hatte häufig Streit mit der Mutter seiner Freundin. Doch seine damalige Frau gibt ihm ein Alibi für die Tatzeit. Die Kripo legt den Fall auf Eis.

Für Rilana K. ist der Fall klar: „Ich habe meinem Ex-Freund auf den Kopf zugesagt: ‚Du warst es. Zu vieles spricht dafür. Das kann nicht alles Zufall sein.' Er hat nur geantwortet: ‚Du bist ein guter Detektiv.' Mein ehemaliger Freund hatte immer die fixe Idee, daß meine Mutter zwischen ihm und mir steht."

Das Feuerzeug ist für Rilana ein weiteres Indiz: „Ich bin mir fast sicher, daß es ihm gehört. Ich sollte der Polizei auch zeigen, wo ich mit ihm hin und wieder bei Borstel spazierengegangen bin. Als ich sie dorthin führte, sagte man mir, daß das wenige Meter von der Stelle entfernt war, wo meine Mutti gefunden wurde."

Nach wie vor hält die junge Frau losen Kontakt zu dem Mann, von dem sie glaubt, daß er ihre Mutter getötet hat. Der Grund: „Ich hoffe, daß er mir eines Tages die Wahrheit sagt und sich stellt. Denn nachweisen kann man ihm wohl nichts."

Ohne Leiche kein Mord

Der 19. Januar 1992 ist ein Sonntag. Johanna Maaß (55) will sich am frühen Nachmittag ein bißchen die Beine vertreten. Dabei wird sie von ihrer Freundin Angelika P. (Name geändert) begleitet. Sie ist es auch, die vorschlägt, kurz bei ihrem Bekannten, Harald B. (Name geändert), in der Benzingeröder Chaussee vorbeizuschauen. Der Mann gilt in der Gegend als unangenehmer Zeitgenosse. Oft gibt es Streit, wenn er mit Freunden im Obergeschoß oder im Stallanbau des alten Fachwerkhauses feiert. Hin und wieder kommt es bei den Gelagen auch zu Handgreiflichkeiten.

Dorit W., die jahrelang in der Wohnung unter B. wohnte, der inzwischen ausgezogen ist: „Der Mann war uns nicht geheuer. Man wußte nie, was passiert, wenn er einen Jähzornausbruch bekam. Besonders, wenn er getrunken hatte. Da hat es manches blaue Auge gegeben.“

Auch an jenem Winterabend des Jahres 1992 holt der Fleischer vom Schlachthof Wernigerode drei Flaschen aus dem Schrank und gießt den beiden Frauen tüchtig ein. Nach einiger Zeit verläßt Angelika P. das einsam stehende Haus an der B 6. Sie soll Johanna Maaß zum letzten Mal gesehen haben.

Acht Tage später geht bei der Polizei in Wernigerode eine Vermißtenanzeige ein. Dieter G. aus Thale gibt zu Protokoll, daß seine langjährige Lebensgefährtin Johanna Maaß verschwunden ist. Bereits am 19. Januar wollten sie sich in seiner Wohnung in Thale treffen. Als sie nicht kam, hatte sich G. jedoch gedacht, daß etwas dazwischen gekommen sei. Doch als sich die 55jährige auch in den nächsten Tagen nicht meldete, wurde er unruhig, fragte bei der Tochter von Johanna Maaß nach. Doch die wußte auch nicht, wo sich ihre Mutter aufhielt.

Die Polizei brach die Wohnungstür der Vermißten im Neubaugebiet „Burgbreite“ auf. Nichts. Alle Sachen waren da. Auch die Papiere, darunter der Personalausweis.

Martina Maaß (34) nimmt ein Farbfoto ihrer Mutter aus der Vitrine: „Ich hab' damals sofort gedacht: Da ist was passiert! So einfach abzuhauen, das hätte meine Mutter nicht gemacht. Warum auch? Und wohin?“

Trotz intensiver Suche der Polizei bleibt die Frau verschwunden. Auch die Befragung des Mannes, der Johanna Maaß wahrscheinlich als letzter gesehen hat, gibt keine Hinweise.

Harald B. gab sinngemäß folgendes zu Protokoll: „Kurz nach 17 Uhr bin ich nach unten in den Stall gegangen, um das Vieh zu füttern. Als ich wieder in die Wohnung kam, war Frau Maaß weg. Die Tür stand weit offen." Auf die Frage der Kripo, ob er sich denken kann, wohin die Frau am Spätnachmittag des 19. Januar gegangen ist, antwortete der Metzger: „Da gibt es doch viele Möglichkeiten. Draußen auf dunkler Straße kann ein Auto sie angefahren haben. Und dadurch ist sie weggeschleudert worden." Doch diese „Theorie" des Endfünfzigers hat sich längst als haltlos erwiesen. Der Körper der Frau wurde nie gefunden.

Für Hauptkommissar Gerd Prötter von der Kripo Halberstadt ist nicht ausgeschlossen, daß Johanna Maaß Opfer eines Verbrechens geworden ist. „Besonders die Tatsache, daß die Frau alles in ihrer Wohnung zurückgelassen hat, spricht dafür." Doch nach wie vor gilt das alte Kriminalistenwort: Ohne Leiche kein Mord. Prötter: „Alle Untersuchungen verliefen im Sande." Solange es keine neuen Erkenntnisse gibt, liegt die Sache auf Eis.

Sollte Johanna Maaß getötet worden sein, gäbe es gerade am Ortsausgang Wernigerode in Richtung Blankenburg zahllose Möglichkeiten, ihren Körper verschwinden zu lassen.

„Ich glaube nicht, daß ich meine Mutter je lebend wiedersehe", sagt Martina Maaß, die von Sozialhilfe lebt. „Das Schlimme ist die Ungewißheit."

Martina Maaß mit einer der letzten Aufnahmen ihrer Mutter

Schreie im Traum

Fast täglich geht Uta Otzipka die paar Meter über die Straße zum kleinen Friedhof der 100-Seelen-Gemeinde Pulspforte bei Zerbst. Tränen hat sie nach den Jahren, in denen der Mord an ihrer Tochter Silvana ungesühnt blieb, nicht mehr. Nur noch kalte Wut. „Wenn ich nicht Angst davor hätte, daß man mir mein Pflegekind wegnimmt, wäre ich den Leuten, die ich in Verdacht habe, daß sie etwas mit dem Tod Silvanas zu tun haben, schon längst auf die Pelle gerückt", sagt sie verbittert. Dann ordnet sie die Blumen um den Grabstein mit dem Bild ihres Kindes, und die Erinnerungen an die schrecklichste Woche in ihrem Leben sind wieder ganz nah.

Ute Otzipka am Grab ihrer Tochter

Der 19. Juli 1992 ist ein schwül-heißer Tag. In der Nacht zieht zwar ein Gewitter auf, aber der Regen bringt keine Abkühlung. Uta Otzipka wälzt sich unruhig im Bett hin und her. Ein Traum quält sie: Sie hört ihre Tochter Silvana um Hilfe schreien. Schweißgebadet läuft sie im Nachthemd auf den Hof und lauscht in den Donner hinein. Dann schüttelt sie den Kopf. „Unsinn", denkt sie, „so ein dummer Traum", und versucht, die schwarzen Gedanken zu verscheuchen.

Was sie nicht weiß, ist, daß zur selben Zeit nur ein paar Kilometer weiter in Gollbogen im Haus ihrer anderen Tochter Sabine Ratlosigkeit herrscht.

Silvana war tagsüber aus Verden, wo sie eine Lehre als Hotelfachfrau begonnen hatte, zu Schwester und Schwager gefahren. Am Sonnabendnachmittag hatte sich dann die Familie dort zum Kaffee getroffen.

„Silvana war ganz aufgekratzt", so Uta Otzipka, „am Montag wollte sie mit ihrer Freundin nach Spanien fliegen." Als die Mutter sich am frühen Abend verabschiedet („Im nachhinein glaube ich, daß es noch ein bißchen herzlicher als sonst war.") soll es das letzte Mal sein, daß sie ihre Tochter sieht.

Gegen 18 Uhr fragt Silvana ihren Schwager, ob sie ein bißchen mit seinem Moped fahren darf. Sie will demnächst die Fahrprüfung machen und braucht noch Praxis. „Aber fahr nicht so weit!" ruft ihr der Schwager nach. „Nein, nein", antwortete das Mädchen und knattert winkend auf dem Feldweg aus dem Vorwerk.

Nach einer Stunde ist sie noch nicht zurück. Schwester und Schwager machen sich beunruhigt auf die Suche. Sie befürchten, daß Silvana gestürzt ist oder daß das Moped seinen Geist aufgegeben hat. Doch obwohl sie die ganze Gegend durchkämmen, finden sie die 17jährige nicht. Spätabends fahren sie zur Polizei nach Zerbst. Dort nimmt man die Vermißtenanzeige vorerst nicht allzu ernst.

Das Opfer: Silvana Otzipka

Erst am Montag, als Silvana schon längst im Flugzeug Richtung Spanien düsen wollte, trauen sich Tochter und Schwiegersohn aus Gollbogen, Uta Otzipka zu sagen, daß Silvana spurlos verschwunden ist.

Wenig später beginnt die Polizei mit einem Großaufgebot die Suche: Hubschrauber, Taucher, Hunde. Uta Otzipka: „Ich war zwischen Hoffen und Verzweiflung hin- und hergerissen. Aber innerlich hatte ich mich wohl nach einigen Tagen auf das Schlimmste eingestellt. Wo sollte Silvana denn auch sein. Wenn sie die Möglichkeit gehabt hätte, sich zu melden, hätte sie das doch getan." Trotzdem wendet sie sich über die „Volksstimme" an die Öffentlichkeit und bittet vermeintliche Entführer, ihr das Kind zurückzugeben.

Am 26. Juli stöbert ein Schrottsammler zwei Kilometer von Zerbst entfernt auf dem ehemaligen GUS-Schießplatz herum. Was er findet, ist eine bis zur Unkenntlichkeit verkohlte Leiche, bedeckt mit Panzerkartuschen. Nur ein Fuß und ein Stück Gesicht sind von dem hübschen Mädchen übriggeblieben. Wenige Meter von der Fundstelle entfernt liegen Slip und rote Radlerhose. Beamte legen Uta Otzipka zwei Ringe vor. Wie in Trance nickt sie: „Das ist also das Ende." Später wird sie an der Stelle, wo ihr Kind gefunden wurde, ein Holzkreuz aufstellen.

Die Gerichtsmedizin tut ihr Möglichstes. Die Identität der Leiche kann zweifelsfrei festgestellt werden, aber die Todesursache, die Todeszeit und die Antwort auf die Frage, ob ein Sexualdelikt vorliegt, bleiben im dunkeln.

Die Ermittlungen der Polizei konzentrieren sich auf einen 18jährigen. Maik B. hatte in Gollbogen als Schäfer gearbeitet. Nicht weit von seinem Arbeitsplatz entfernt, war Silvana verschwunden.

Am 13. Juni 1994 beginnt vor der 2. Großen Jugendstrafkammer des Landgerichts Dessau der Indizienprozeß gegen ihn wegen „Mordes zur Verdeckung einer anderen Straftat (Vergewaltigung, d. Red.)". Er endet zwei Wochen später mit einem Freispruch.

Trotz einiger sich widersprechender Äußerungen von Entlastungszeugen war dem Gericht die Indizienkette zu dünn. Da nützte auch die Aussage einer Frau aus Straguth nichts, die den blauen Trabant des Angeklagten am Sonntagabend mehrmals zwischen Straguth und Gollbogen hin- und herfahren sah. Der Fundort Silvanas liegt zwischen diesen Orten. Auf dem Rücksitz soll ein „größeres Bündel" gelegen haben. Auch die Untersuchung der daumennagelgroßen Blutflecken auf dem Trabant-

Rücksitz brachte nur eine Wahrscheinlichkeit von 1:10000, daß das Blut vom Opfer stammt. Maik B. selbst hatte während des gesamten Prozesses kein Wort zu den Anschuldigungen gesagt.

Das Gericht nach der Begründung des Freispruches: „... es besteht aber durchaus die Möglichkeit, daß der Angeklagte der Täter ist, daß er mehr oder vielleicht sogar alles über diesen Fall weiß."

Inzwischen hat ein Zeuge, der damals für Maik B. ausgesagt hatte, seine Aussage zurückgenommen. Die Staatsanwaltschaft Dessau: „Das allein ist jedoch noch nicht ausreichend, um das Verfahren neu aufzunehmen."

Für Uta Otzipka ist der Fall jedoch klar: „Silvana hatte bestimmt Schwierigkeiten mit dem Moped. Und B. hat ihr vielleicht Hilfe angeboten. Dann hat er sie vergewaltigt und anschließend umgebracht."

In den Fängen einer Sekte?

Am Nachmittag des 7. Oktober 1992 gibt es einen heftigen Streit zwischen Stephanie Pinnow und ihrem Vater. Eigentlich ging es nur um eine Nichtigkeit. „Heute", so Annegret Pinnow, die Mutter, „macht sich mein Mann die größten Vorwürfe, daß er damals so außer Fassung geraten ist."

Stephanie verläßt nach der Auseinandersetzung die Wohnung im Stendaler Neubaugebiet „Stadtsee". Sie will zum Einkaufen. Doch sie geht nur ein paar Straßen weiter. In der Leninallee 34 wohnt Frieda J., eine Deutsch-Russin. Die Pinnows helfen der Frau und ihren acht Kindern, sich in der neuen Heimat einzuleben. Stephanie besucht Frieda J. oft, um mit den Kindern zu spielen oder um sich zu unterhalten.

An diesem Nachmittag spürt die Umsiedlerin, die heute in einem Bundesland im Westen Deutschlands lebt, daß etwas mit der 17jährigen nicht stimmt. Verschlossen ist das sozial sehr engagierte Mädchen ja eigentlich immer, aber diesmal fühlt Frau J., daß dem Mädchen irgend etwas auf der Seele liegt. Doch gegen 19 Uhr verabschiedet sich Stephanie Pinnow, ohne daß sie sich ausgesprochen hat.

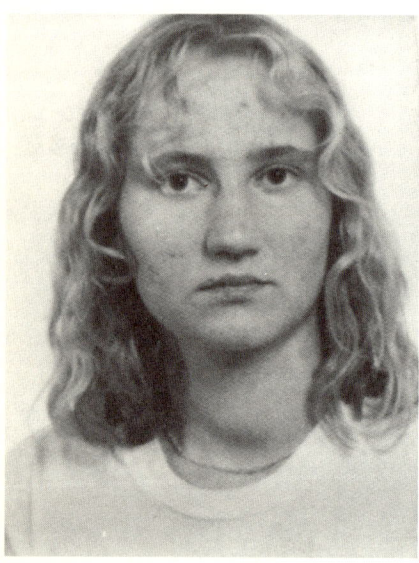

Stephanie Pinnow aus Stendal ist seit dem 7. Oktober 1992 vermißt.

Kriminalkommissar Steffen Popiolek: „Danach wurde die Schülerin nicht mehr gesehen." Er blättert in einer dicken Akte. „Wir gehen davon aus, daß Stephanie Pinnow Opfer eines Verbrechens geworden ist. Es gab eine Menge Hinweise. Doch alle Spuren, denen wir nachgingen, erwiesen sich als falsch."

Weil das Mädchen eine enge Bindung an die evangelische Kirche hat, wenden sich die Kriminalisten an kirchliche Einrichtungen in Deutschland und Europa. „Wir mußten auch der Möglichkeit nachgehen, daß sich Stephanie in eine Mission abgesetzt hat", sagt Popiolek. Aber auch das hatte keinen Erfolg. Der Kommissar: „Lediglich ein Pastor aus einem Dorf in unserem Landkreis glaubte, sie bei einem Kirchentag erkannt zu haben, und schickte uns Fotos zu. Doch das blonde Mädchen darauf war nicht die Gesuchte."

Annegret Pinnow räumt Stephanies Sachen aus dem Kinderzimmer. Zweieinhalb Jahre stand dort alles so, als würde die 17jährige jede Minute wieder zur Tür hereintreten. „Aber auf die Dauer hält man das nicht aus", sagt die gebrochene Frau. Jedes Stück erinnert an Stephanie: das selbstgemalte Bild der kleinen Hexe an der Wand, das Foto, das Stephanie zusammen mit ihrem Bruder zeigt, die Plüschtiere im Regal.

Auch die Pinnows haben alles Menschenmögliche getan, um ihre Tochter zu finden. Hörten sich bei Freunden und Verwandten um – auch im Ausland. Hofften, in Berlin auf ihre Spur zu kommen.

Annegret Pinnow blättert im Fotoalbum und erzählt mit tränenerstickter Stimme von ihrem Kind: „Stephanie ist sehr ruhig, und sie liebt Fremdsprachen. Lernen wollte sie aber Drucker. Sie hatte schon einen Termin für ein Vorstellungsgespräch." Doch dann faßt sich die Frau plötzlich und sagt überzeugt: „Ich weiß aber, daß meine Tochter lebt. So etwas spürt eine Mutter."

Annegret Pinnow klammert sich an eine Hoffnung. Ihre Theorie: „Im Herbst 1992 ist in Stendal die Scientology-Sekte aufgetaucht. Es ist doch möglich, daß Stephanie in ihre Fänge geraten ist. Vielleicht ist sie in Afrika oder in Amerika, so sprachbegabt, wie sie ist. Seit einiger Zeit klingelt unser Telefon, und wenn mein Mann oder ich abheben, wird aufgelegt. Vielleicht ist das Stephanie, die uns ein Zeichen geben will?"

Die Reizgas-Bankräuber

Am 22. Dezember 1992 haben die drei Mitarbeiterinnen der kleinen Sparkassenfiliale in der Helmstedter Chaussee 3 in Magdeburg alle Hände voll zu tun.

Viele Kunden wollen zum bevorstehenden Weihnachtsfest Geld abheben. Es ist kurz vor Mittag, als zwei Männer den Schalterraum betreten. Kassiererin Ingrid A. (55) ist die erste, die fühlt, daß etwas mit den beiden nicht stimmt. Doch ehe ihr genau bewußt wird, was ihr an den Männern nicht gefällt, ruft einer von ihnen schon laut: „Banküberfall!"

Von der Überwachungskamera aufgenommen: Der Überfall des Verbrecherduos auf die Magdeburger Sparkassenfiliale

Lehrling Claudia R. (23), Kassiererin A. und drei Kunden erstarren zu Salzsäulen. Sie blicken fast ungläubig auf die Pistolen, mit denen die Räuber drohen.

Was nun geschieht, dauert nicht länger als drei Minuten. Der Gangster mit der Sonnenbrille und dem Basecap gibt der Frau hinter dem Schalter einen weißen Plastebeutel und schnauzt sie an: „Geld her, Geld her!"

Die Kundin Frau R., die direkt neben dem Täter steht, überlegt in dieser Sekunde, ob sie dem Bankräuber die Waffe aus der Hand schlagen soll. „Sehr mutig bin ich eigentlich nicht, aber ich hab' mich wahnsinnig darüber geärgert, daß da ein 20jähriger kommt und uns alle bedroht", sagt sie der „Volksstimme". Als Frau R. jedoch bemerkt, daß der Mann mit der Mütze nicht allein gekommen ist, verzichtet sie auf ihr gewagtes Vorhaben.

Der zweite Bankräuber, der sich inzwischen eine schwarze Strickkapuze mit Sehschlitz über den Kopf gestreift hat, verlangt von den Kunden: „Los, hinlegen!" Ein junger Mann, der direkt an der Tür steht, läßt sich auf den Boden fallen.

Trotz ihrer großen Angst handelt die 55jährige Kassiererin überlegt und löst unbemerkt Alarm aus. Die Überwachungskamera beginnt, Fotos zu machen.

Zur selben Zeit bekommt Liane Z. (32), Leiterin der Zweigstelle, die in einem separaten Raum arbeitet, etwas von den Vorgängen im Schalterraum mit. Drei Jahre nach der Tat schildert sie ihre Eindrücke: „Man hat es den Männern angemerkt – die hatten Angst. Deshalb waren sie unberechenbar. Alles mußte ganz schnell gehen."

Aus den Geldfächern am Schalter nehmen die Sparkassenangestellten die Scheine. Insgesamt 20000 Mark. Darunter auch ein sogenanntes „Räuberbündel", Geldscheine, deren Nummern registriert sind. Doch auch das soll die Kripo bei ihren späteren Ermittlungen nicht weiterbringen.

Bevor die Männer die Sparkasse verlassen, sprühen sie Kunden und Personal Reizgas ins Gesicht. Liane Z.: „Ein älterer Mann bekam einen Asthmaanfall. In dem Trubel und durch unsere verträntem Augen haben wir nicht gesehen, womit die beiden geflüchtet sind."

Da die Täter auf dem Weg zum kleinen Parkplatz gegenüber der Sparkasse einige der Scheine, darunter einen „Tausender", verloren, geht die Kripo jedoch davon aus, daß sie mit einem Auto das Weite gesucht haben.

Vier Monate später, am 22. April 1993, überfallen dieselben Täter eine Filiale in Brandenburg Plaue. Auch dort zwingen sie die Kunden mit Waffengewalt zu Boden. Doch diesmal steigt einer der Täter über den Schalter und packt selbst das Geld in eine Plastetüte. Bevor die Männer fliehen, machen sie genau wie in Magdeburg Kunden und Mitarbeiter durch Reizgas „kampfunfähig".

Obwohl die Überwachungskamera recht brauchbare Fotos von den maskierten Tätern aufnimmt, bleibt die deutschlandweite Fahndung erfolglos. Auch die registrierten Geldscheine sind bis heute nicht wieder aufgetaucht.

Der Junge unter dem Kellerfenster

Am 3. August 1993 will eine Frau auf ihrem Grundstück in der Eicken-dorfer Florian-Geyer-Straße Ordnung schaffen. Schon lange hat sie sich vorgenommen, den alten Schweinestall aufzuräumen, der zum Teil als Lagerraum genutzt wird. Unter Stroh und einem alten Schrank entdeckt sie eine Luke, die jahrelang zugestellt war. Neugierig geworden, geht die Frau die darunterliegenden acht Steinstufen hinab. Als sie sich an das Schummerlicht in dem 6 mal 2,8 Meter großen ehemaligen Kartoffelkeller gewöhnt hat, macht sie eine grausige Entdeckung: Unter dem schmalen Kellerfenster findet Frau G. eine skelettierte Kinderleiche.

Bis heute ungeklärt: Wurde der achtjährige Michel durch das geöffnete Kellerfenster gestoßen, oder ist er gestürzt?

„Als wir die Nachricht erhielten, vermuteten wir sofort, daß es sich bei dem Toten um den kleinen Michel Obenauff handeln könnte", sagt Kriminalhauptkommissar Knut Petsche, der damals die Untersuchungen leitete.

Der Junge aus Eickendorf (Kreis Schönebeck) war drei Jahre zuvor spurlos verschwunden. Seine Mutter, Carola Obenauff erinnert sich: „Am 19. August 1990 kam Michel nicht nach Hause. Stundenlang haben wir nach ihm gesucht. Michel war kein Ausreißertyp, und das Dorf kannte er wie seine Westentasche.

Kindergärtnerin Christa F. war an diesem Sommertag gegen 18.30 Uhr gerade auf dem Weg zum Bahnhof, als Michel plötzlich nach ihr rief. Er spielte mit seinen Freunden gegenüber der Bushaltestelle in Eickendorf. Eine halbe Stunde später begann Carola Obenauff nach ihrem Sohn zu suchen. Um 21 Uhr erstattete sie Vermißtenanzeige.

Fünf Stunden später gibt die Volkspolizei die Fahndungsmeldung heraus. Am 20. August fahren Lautsprecherwagen durch Eickendorf und das benachbarte Biere. Immer wieder wird die Personenbeschreibung des Vermißten verlesen und die Bevölkerung um Mitarbeit gebeten. Suchhunde werden eingesetzt, Krankenhäuser abgefragt, Personen vernommen. Doch nach der Kindergärtnerin hat niemand mehr Michel gesehen.

Am 25. April 1991, ein Dreivierteljahr nach dem Verschwinden des Achtjährigen, entscheidet die Staatsanwaltschaft, den Fall vorläufig einzustellen. Eine schlimme Zeit für Familie Obenauff. „Als die Zeitungen über die Morde an Michael Reinecke und Rudolf Broeckel schrieben (als Mörder wurde später Thomas Enz aus Hambüren bei Celle überführt, d. Red.), habe ich immer gedacht: ‚Hoffentlich nicht mein Kind.‘ Er hat ja auch blonde Haare wie die beiden anderen“, sagt die Mutter. „Doch irgendwie habe ich gefühlt, daß Michel nicht mehr lebt.“ Nach Monaten der Ungewißheit räumten die Eltern das Zimmer des Jungen um. „Es war schrecklich, jeden Tag etwas zu sehen, was an ihn erinnert.“ Nur ein Foto ihres Zweitjüngsten steht noch auf dem Fernseher.

Die Frau, die jahrelang zwischen Hoffnung und Verzweiflung schwankte, erfährt fast als letzte im Dorf, daß nur ein paar Meter von ihrer Wohnung entfernt ein Kinderkörper gefunden wurde. Niemand traute sich, das der Mutter zu sagen.

Vorerst halten sich die Kriminalisten der Tatortgruppe bedeckt. Ihnen geht es zuallererst darum, die Identität des Leichnams festzustellen. Und wie aus dem Gutachten der Magdeburger Rechtsmedizin hervorgeht, war das keinesfalls einfach; denn auch der Versuch eines „genetischen Fingerabdrucks“ schlug fehl – kein verwertbares Material. Wenig später wird anhand des Gebisses jedoch zweifelsfrei festgestellt: Der Tote aus dem Kartoffelkeller ist Michel Obenauff.

Bei der gerichtsmedizinischen Untersuchung werden keine relevanten Verletzungen entdeckt. Allerdings sind bei dem Zustand des Körpers auch keine äußeren Verletzungen mehr nachweisbar.

Die Frage „Verbrechen oder Unfall?" wird von den Kriminalisten bis heute unterschiedlich beantwortet. Kriminalhauptkommissar Gerhard Behne: „Die blaue Trainingshose und der Schlüpfer waren bis zur Mitte der Oberschenkel heruntergezogen. Deshalb gingen wir zunächst von einem Sexualdelikt aus. Anschließend könnte der Täter das Opfer mitsamt dem Gazefenster quer durch die schmale Öffnung geschoben haben." Doch objektive Beweise gibt es dafür nicht. Auch die Vernehmung von fünf Personen, die als „sexuell auffällig" eingestuft werden, bringt nichts. Und der Verdacht, Kindermörder Enz könnte etwas mit der Tat zu tun haben, erweist sich ebenfalls als falsch.

Doch auch für die andere Theorie, die davon ausgeht, daß der Junge beim Spielen durch das Kellerfenster gerutscht ist, gibt es keine objektiven Anhaltspunkte. Sie gilt in Kripokreisen eher als unwahrscheinlich.

Der Fall „Michel Obenauff" wurde am 14. Februar 1994 zum zweiten Mal zu den Akten gelegt. Ein Fall, bei dem vieles nicht geklärt werden konnte. So weiß die Kripo sieben Jahre nach dem Verschwinden des Kindes immer noch nicht, wo Michels Stiefel sind. Der Junge unter dem Kellerfenster hatte nur Strümpfe an.

Der verschwundene Soldat

Dörte Chankischijew kann es immer noch nicht glauben: Ihr Magerram soll sie so mir nichts, dir nichts verlassen haben – von heute auf morgen? Selbst nach einem Jahr will ihr das nicht in den Kopf.

Die junge Frau zündet sich mit unruhiger Hand ein, Zigarette an und erzählt: „Am 14. Juni 1994 haben wir noch gemeinsam mit Nico (Nico Minasjan, Freund von Chankischijew, d. Red.) gefrühstückt. Die beiden Männer waren ausgelassen. Nichts deutete darauf hin, daß Magerram etwas bedrückt. Ich bin dann meine Eltern besuchen gefahren."

Als Dörte Chankischijew am 17. Juni zurückkommt, ist die Wohnung leer. Paß, Geld, EC-Karte und (wie sich später herausstellt) die Kleidung, die ihr geschiedener Mann Magerram anhatte, als er das letzte Mal gesehen wurde, sind jedoch da. Die besorgte Frau erstattet Vermißtenanzeige.

Kriminalhauptkommissar Harald Meier von der Polizeidirektion Magdeburg vermutet Zusammenhänge zwischen dem Verschwinden des Aserbaidschaners und den Geschäften, denen der Ex-GUS Kraftfahrer nachging: „Nach unbestätigten Informationen hat er seinen Lebensunterhalt zuletzt mit dem An- und Verkauf von Pkws verdient. Die Fahrzeuge vom Typ Lada sollten nach Rußland ausgeführt werden."

Das letzte Mal gesehen wurde der 29jährige am 15. Juni 1994 gegen 23 Uhr. Nachmittags hatte Chankischijew mit Landsleuten in Egeln gefeiert. Von seinem Freund Nico Minasjan und dessen Freundin wurde er dann bis zum Westernplan in Magdeburg gefahren. Dort wollte der etwas Angetrunkene aussteigen und die paar Meter bis zur Wohnung seiner geschiedenen Frau Dörte laufen. Am nächsten Tag gegen 10 Uhr hatte er eine Verabredung, zu der er jedoch nicht mehr erschien.

„Im Februar 1994 haben wir uns scheiden lassen", erzählt Dörte Chankischijew. Magerram zog nach Schönebeck. Er arbeitete dann bei der Forst in Arendsee und im Metallbau." Danach hat der Aserbaidschaner keine feste Arbeit mehr, bezahlt jedoch jeden Monat pünktlich die Miete und macht seiner Ex-Frau großzügige Geburtstagsgeschenke (5000 Mark).

„Es hatte sich gerade alles wieder eingerenkt. Mein Mann war nach der Scheidung fix und fertig. Seit einiger Zeit wohnten wir wieder zusammen. Er würde mich und unseren Sohn Giulio (4) nie freiwillig alleingelassen haben."

Im Dezember 1994 besucht sie Magerrams Vater. Auch bei ihm hatte sich der Vermißte nicht gemeldet.

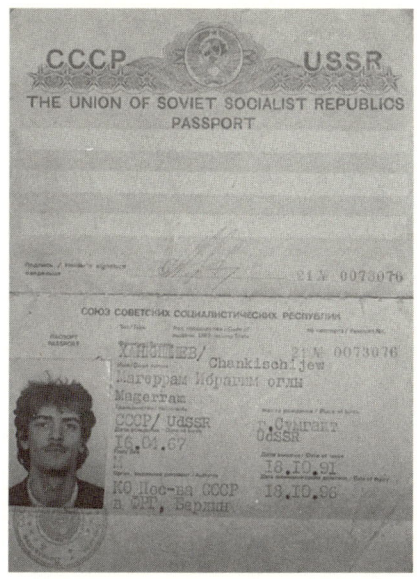

Nicht nur seinen Paß, auch seine anderen persönlichen Sachen ließ Magerram Chankischijew in der Wohnung seiner geschiedenen Ehefrau in Magdeburg zurück.

Die Kripo schließt nicht aus, daß Chankischijew einem Verbrechen zum Opfer gefallen ist. Denn in den vergangenen Monaten erschienen bei seiner Ex-Frau immer wieder Deutsche und Russen, die ihr nicht geheuer waren. Männer, die sich mitunter auch „nachdrücklich" nach dem Aufenthaltsort von Magerram erkundigen. Im November 1994 klingelt nachts ein Deutscher bei ihr. Als sie öffnet, verlangt er ein Foto des Vermißten. Dann sagt er regungslos: „Ja, das ist er. Man erzählt sich, der wurde auf dem Weg nach Berlin oder dort in der Nähe erschossen."

Kommissar Harald Meier: „Noch mysteriöser wird der Fall dadurch, daß seit dem 14. August 1994 auch der Freund von Chankischijew, der Georgier Nico Minasjan, wie vom Erdboden verschluckt ist."

„Nachdem Nico seinen Freund am 15. Juni 1994 nach Hause gebracht hatte, kam er mehrmals in den Westernplan, um sich zu erkundigen, wo Magerram ist", sagt Dörte Chankischijew.

Magerram und Nico hatten vor, einen „Lada" in Berlin zu verkaufen. Um den 14. August herum war Nico mit seiner Mutter in Polen verabredet. Dort erschien er nicht. Bekannte und Verwandte werden seitdem bedroht. Von ihnen wird verlangt, Informationen herauszugeben oder den Aufenthaltsort von Nico Minasjan preiszugeben.

Daß die russische Automafia hinter dem mysteriösen Verschwinden von Magerram Chankischijew und Nico Minasjan steckt, bleibt nur ein Verdacht. Die Kripo geht davon aus, daß sich die beiden aus Angst nach Rußland abgesetzt haben könnten oder daß sie ermordet und ihre Leichen beseitigt wurden.

Das schweigende Dorf

Der 24. Juni 1995 ist ein warmer Frühsommertag. Selbst in den späten Abendstunden sitzen viele Einwohner der kleinen Harzgemeinde Osterode im Kreis Halberstadt noch im Garten. Sie grillen und trinken ein Glas Bier. Acht Jugendliche sind jedoch lieber unter sich. Im „Dorfklub", einem Raum, der für sie reserviert ist, spielen sie mit einem „Nintendo", und auch dort wird etwas getrunken.

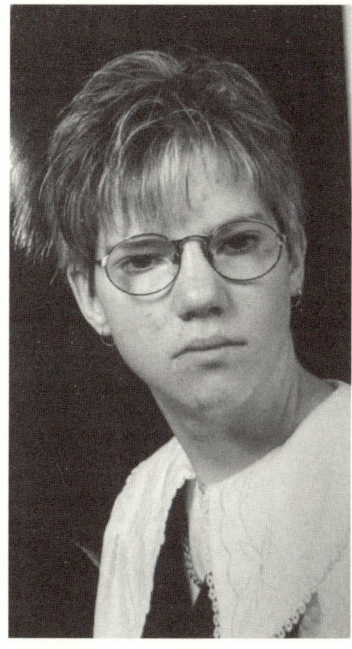

Manuela L.

Kurz vor Mitternacht gibt es einen Streit. Der Grund ist nichtig: Manuela L., das mittelblonde Mädchen aus Nummer 33 (Straßennamen gibt es in dem 200-Seelen-Dorf nicht), und eine Freundin zanken sich um den Spielstand. Die 14jährige Manuela ist so wütend, daß sie die Spielsteuerung in die Ecke wirft. Kurz danach verläßt sie den Klub.

Vier Stunden später geht Ulrich A. in den Garten seines Hauses. Er will an diesem Sonntag mauern und ist deshalb sehr früh aufgestanden. Sein Grundstück liegt schräg gegenüber vom Haus der Familie L. Er bemerkt

135

einen brandigen Geruch. Als er an den Gartenzaun tritt, sieht er Qualm aus einem Fenster der oberen Etage aufsteigen. Der Nachbar läuft zum Feuermelder. Sekunden später weckt die Sirene die schlafenden Dorfbewohner.

Im Zimmer oben rechts fand die Feuerwehr die verkohlte Leiche.

Direkt neben dem Brandhaus wohnen Brigitte und Werner St., Manuelas Großeltern. Weil die Eltern der 14jährigen im Urlaub auf Gran Canaria sind, haben sie es übernommen, ein Auge auf die Enkelin zu haben. Doch das schlanke Mädchen hat eigene Vorstellungen von Freiheit. Der Oma sagt Manuela, daß sie bei einer Freundin schläft. Erst später erfährt Familie St., daß die 14jährige schon am Tag zuvor im eigenen Zimmer übernachtet hat. Auch Brigitte St. schreckt durch das Sirenengeheul hoch. Beinahe im selben Augenblick steht Manuelas Onkel, der ebenfalls im Haus von Familie St. wohnt, in der Tür und ruft, daß es nebenan brennt. Als Brigitte St. zur Nummer 33 läuft, rückt schon die Feuerwehr an. „Ist da wer drin?" wird die Oma gefragt. „Nein, nein, Manuela schläft doch bei einer Freundin", antwortet sie. „Da stehen aber Schuhe vor der Haustür", sagt ein Feuerwehrmann. „Mir ist vor Schreck übel geworden", so Brigitte St. dieser Tage zur „Volksstimme".

Das Feuer ist bald gelöscht. Kurz darauf erfährt Brigitte St. die schreckliche Wahrheit. „Ich sah schon die Gesichter der Feuerwehrleute", sagt sie. „Die Notärztin hat mich dann beiseite genommen und gesagt: ‚Das Kind ist verstorben.'"

Die Großeltern denken wie alle im Dorf, daß Manuela im Bett geraucht habe und dadurch das Feuer ausgebrochen sei. Und auch für den Kripo-dauerdienst aus Halberstadt ist das tote Mädchen mit der bunten Radler-hose und dem lila Top vorerst eine ganz „normale Brandleiche". Doch das ändert sich schlagartig, als die Beamten den Obduktionsbericht auf den Tisch bekommen. Kriminalhauptkommissar Frank Götze: „Die Rechts-mediziner stellten Stichverletzungen und Knochenbrüche fest. Das Mädchen war ermordet worden."

Die Ermittlungen sind alles andere als leicht. Götze: „Keiner will etwas gesehen oder gehört haben. Es ist fast wie in Oberbayern – kein Heran-kommen an die Leute. Alle halten im ehemaligen Sperrgebiet dicht." Böse Zungen behaupten, daß das Interesse der Leute aus Osterode an der Aufklärung des Falls auch deshalb nicht so groß sei, weil es sich bei der Familie des Opfers um Zugereiste aus Niedersachsen handelt. Selbst auf die Frage, wer in der Nacht vom 24. zum 25. Juni auf der Straße war, be-kommt die Kripo nur ausweichende oder gar keine Antworten. Und das, obwohl erwiesenermaßen viele Osteroder nach 24 Uhr noch wach waren.

Trotzdem verfolgen die Ermittler aus Halberstadt fünf Spuren, von de-nen sie annehmen, daß durch sie der Täter überführt werden kann. „Eini-ge davon werden von den Kriminaltechnikern des Landeskriminalamtes zur Zeit noch überprüft."

Für die Kripo steht nach wie vor die Frage auf der Tagesordnung, wer sich in der Tatnacht zwischen 24 und fünf Uhr im Dorf aufgehalten hat. „In diesem Zusammenhang", so Hauptkommissar Götze, „wäre es auch wichtig zu wissen, was für Fahrzeuge zu dieser Zeit im Dorf fuhren."

Manuelas Mutter lebt inzwischen wieder in Niedersachsen. Sie hat 8 000 Mark Belohnung für denjenigen ausgesetzt, der den Mord an ihrer Tochter aufklärt. Für Oma Brigitte ist der Fall klar: „Der Täter kann nur aus unserem Dorf kommen. Aber ich habe kaum Hoffnung, daß man ihn noch findet. Zuviel Zeit ist schon vergangen."

Zwei Jahre nach der Tat und sechs Wochen nach der Veröffentlichung des ungeklärten Verbrechens an Manuela L. ist der Mord aufgeklärt. Die „Volksstimme" meldet am 5. August 1997: „Nach zwei Jahren gestand Bruder Mord an 14jähriger Schwester."

Den Durchbruch im Fall brachte der sogenannte genetische Fingerab-druck. Wissenschaftler vom Landeskriminalamt Sachsen-Anhalt fanden an einem Handtuch Hautzellen. Durch die DNA-Analyse stießen sie auf Michael, den Bruder des Opfers.

Am 21. Januar 1998 beginnt vor der Jugendkammer des Landgerichts Magdeburg unter Ausschluß der Öffentlichkeit der Prozeß gegen den inzwischen 18jährigen Angeklagten. Bereits am ersten Prozeßtag gesteht der Jugendliche die Tat ein. Als er nachts nach Hause gekommen sei, habe er seine Schwester mit mehreren Messerstichen und Schlägen tödlich verletzt. Dann habe er sie in Kleidungsstücke und Papier eingerollt, mit Benzin übergossen und angezündet.

Am 5. Februar wird Michael wegen Mordes zu einer Jugendstrafe von sieben Jahren verurteilt. Der Vorsitzende der Jugendstrafkammer geht in seiner Urteilsbegründung von einer „dramatischen Verwechslung" aus. Manuela und ihr ein Jahr älterer Bruder sollten auf Weisung der Eltern, die sich im Urlaub befanden, die Nacht nicht zu Hause, sondern im Nachbargrundstück bei den Großeltern verbringen. Doch die Geschwister hatten sich nicht daran gehalten und waren nach einer Party beziehungsweise einer Disko ins Elternhaus gegangen.

Das Mädchen, das zuerst gekommen war, hatte geglaubt, die Nacht in dem großen Haus allein verbringen zu müssen, und war mit einem Messer und einem Baseballschläger ausgerüstet auf ihr Zimmer gegangen. Als es nach Mitternacht auf der Treppe polterte, glaubte sie, daß ein Einbrecher ins Haus gekommen ist. Sie schlug dem vermeintlichen Eindringling den Baseballschläger auf den Kopf, und es kam zu einem Handgemenge.

Der Junge entwand der Schwester den Schläger und hieb auch weiter auf sie ein, nachdem er seine Schwester erkannt hatte. Als das Messer zu Boden fiel, griff er danach und stach mehrmals auf seine Schwester ein. Als sich die Klinge verbog, holte er aus der Küche ein anderes Messer und versetzte ihr weitere Stiche. Darin sah das Gericht den Tatbestand des Mordes erfüllt.

Die Erhängte auf dem Dachboden

Amt 93 in Lüttgenrode (Kreis Halberstadt) im Jahr 1995 – irgendwann zwischen dem 27. August, 23 Uhr, und dem 28. August, 10 Uhr. Heike-Christine R. hat es sich in ihrem Zimmer auf dem ausgebauten Dachboden der ehemaligen Schäferei gemütlich gemacht. Sie hört Musik und denkt an ihren neuen Freund. Er wohnt in Dessau, und sie wollen demnächst zusammenziehen. Karl-Heinz und Maria R. sähen es aber lieber, wenn die Tochter wieder mit dem Ex-Freund aus Bad Harzburg zusammenkäme. Doch die junge Frau läßt sich in Liebessachen nichts vorschreiben.

Heike-Christine R.

Was dann im Zimmer der 19jährigen geschieht, ist nicht völlig geklärt. Nach den Ermittlungen der Kripo könnte sich jedoch folgendes zugetragen haben: Eine oder zwei Personen betreten den Raum der 19jährigen. Es kommt zum Streit. Heike ist ein zurückhaltendes Mädchen, aber wenn sie sich ungerecht behandelt fühlt, hält sie nicht mit ihrer Meinung hinterm Berg, dann braust sie auf. Der Streit wird heftiger. Heike wird geschlagen. Sie wehrt sich, und vielleicht wird sie auch da schon mit einem Obstmesser verletzt. Kriminaltechniker sichern später Blutspuren im Zimmer.

Ob Heike vor ihrem Peiniger flieht oder mit Gewalt über den Flur bis in den Raum, der als Gerümpelkammer dient, gezerrt wird, weiß nur der

Täter. Zwischen dem Müll muß es jedoch erneut zu einem Kampf gekommen sein, wobei dem Opfer mit einem Eisengegenstand auf den Kopf geschlagen wird. Heike bricht mit schweren Schädelverletzungen zusammen. Das sichergestellte Tatwerkzeug und eine Blutlache unterstützen diese These.

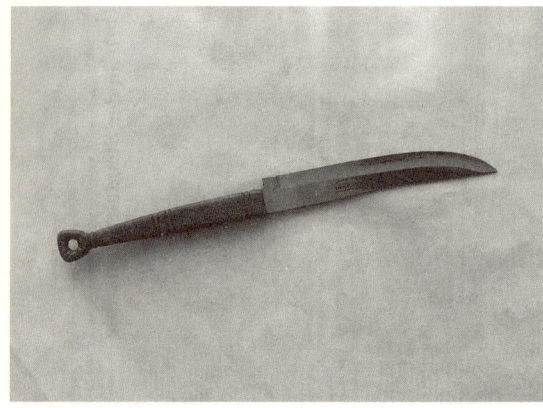

Das Tatmesser

Ein 75 mal 75 Zentimeter großer Durchbruch führt auf den Trockenboden. Dort legt der Täter der Frau eine Schlinge um den Hals. Dann zieht er den Hanfstrick an einem Haken hoch. So findet Karl-Heinz R. seine Tochter am 29. August 1995 gegen 8 Uhr.

Die Tenne des Bauernhauses, auf der das tote Mädchen an einem Holzpfosten hing

Für Hans-Joachim Weddeler vom 2. Fachkommissariat der Halberstädter Polizeidirektion beginnt ein Fall, der ihm immer noch Kopfzerbrechen bereitet. Trotz umfangreicher Ermittlungen gibt es für den Kriminaloberkommissar bis heute mehr unbeantwortete Fragen als Fakten.

Die Aussagen der Familienangehörigen waren wenig hilfreich und konnten nicht zur Aufklärung des Verbrechens beitragen. „Wenn eindeutiges Belastungsmaterial gegen eine Person aus dem Kreis der Tatverdächtigen vorlag, wurde den Kripobeamten eine neue Spur oder eine Ermittlungsrichtung präsentiert", so FK2-Chef Frank Götze.

Karl-Heinz R. und sein Bekannter Reinhard B., der fast zur Familie gehört, waren damals Geschäftsführer einer Industriemontagefirma. Doch die Geschäfte liefen nicht besonders. Nach Zeugenaussagen war das Lehrlingsentgelt Heikes für die Familie eine fest einkalkulierte Größe.

Wenige Wochen vor Heikes Tod wurde mehrmals in die Räume des Unternehmens eingebrochen. Zu allem Unglück erhängte sich noch ein Mitarbeiter auf dem Firmengelände. Von einem Firmenangehörigen wurde immer wieder versucht, einen Zusammenhang zwischen den Einbrüchen in der Firma und dem Verbrechen an Heike R. zu konstruieren. Es sei doch möglich, daß dieselben Personen, die in den Betrieb eingestiegen sind, auch ins Wohnhaus kamen und dabei von der 19jährigen überrascht wurden.

Doch das ist für die Kripo ausgeschlossen. Hans-Joachim Weddeler: „Die Einbrecher sind inzwischen verurteilt. Es gibt keinen Zusammenhang mit dem Fall Heike R. Zumal auch nichts gestohlen wurde. Und der Tod des Angestellten war eindeutig Selbstmord aus privaten Gründen."

Fest steht, daß Heike R. keinem Sexualdelikt zum Opfer fiel. Die Rechtsmedizin fand weder Spermaspuren noch typische Verletzungen.

Vieles deutet nach Ansicht der Ermittler darauf hin, daß der Täter aus dem direkten Umfeld des Opfers kommt. Kriminalhauptkommissar Frank Götze: „Heike hatte nur ein langes T-Shirt und einen Slip an. Alle, die sie kannten, sagen, daß sie einem Fremden so nie geöffnet hätte. Außerdem hat sie grundsätzlich ihre Tür verriegelt."

Überprüft wurden sowohl der Ex-Freund aus Niedersachsen als auch der aktuelle aus Dessau. Doch für die Kripo kommen beide jungen Männer bald nicht mehr als Täter in Frage.

Zwischen Sonntag und Montag erschienen jedoch die bisherigen Alibis von Tatverdächtigen höchst zweifelhaft.

Aus den Vernehmungsprotokollen geht hervor, daß der älteste Bruder Heike als letzter lebend gesehen hat. Er war am 27. August bis 23 Uhr im Zimmer der Schwester, um fernzusehen. Kurz zuvor rief die junge Frau bei ihrem Freund in Dessau an. Der war aber nicht zu Hause.

Keinem der Familie R. fiel auf, daß Heike den ganzen 28. August über nicht da war, obwohl alle wußten, daß Heike, die eine Fleischerlehre begonnen hatte, montags frei hat. Erst Dienstag früh erstatteten die Eltern bei der Polizeistation Osterwieck Vermißtenanzeige. Kurz darauf fuhr Karl Heinz R. dann von der Firma nach Hause, um nachzusehen, ob seine Tochter inzwischen gekommen ist. Er fand sie in der Dachkammer.

Nicht erklären können sich die Kriminalisten, warum Familienmitglieder erst eineinhalb Jahre nach der Tat einräumten, daß das Obstmesser, mit dem Heike schwer verletzt wurde, sehr wohl zum Haushalt gehörte.

„Die jüngste Theorie, die die Familie ins Spiel brachte, ist, daß Heike am 26. August zum Lichterfest in Bad Harzburg war", so Frank Götze. Damit werde der Verdacht erneut auf den Ex-Freund gelenkt.

Nicht weitergekommen sind die Ermittler bei der Identifizierung eines orangefarbenen Lkw, der am 28. August von Anwohnern an der alten Schäferei gesehen wurde. Es könnte ein Fahrzeug der Nordharzer Kraftwerke Goslar gewesen sein. Die Firma hatte damals die Gasleitungen überprüft.

Die Kinderleiche im Müllsack

Am 3. November 1995 verläßt Maria Juhl wie an jedem Werktag um 7.20 Uhr die Wohnung in der Haldensleber Bahnhofstraße 12. Sie will nur ein paar Ecken weiter bis zur Grundschule gehen. Wie immer biegt die Siebenjährige am Fußgängerüberweg rechts ab. In der Alsteinstraße kommt sie an einer Großbaustelle vorbei. An der nächsten Kreuzung müßte sie eigentlich in die Rottmeisterstraße einbiegen. Doch dazu kommt sie nicht mehr. Ein ungepflegter Mann mit pockennarbigem Gesicht, vermutlich in Arbeitskleidung, der schon einige Zeit hinter ihr hergegangen ist, holt sie ein.

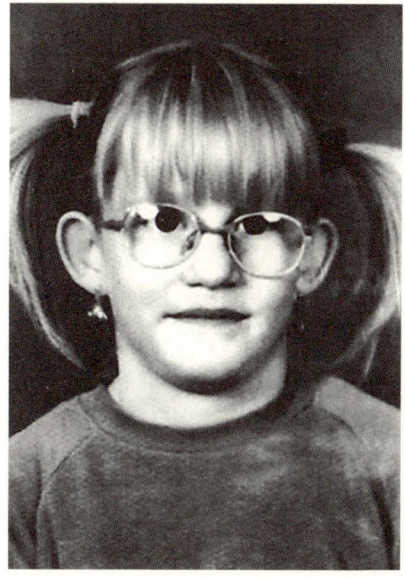

Maria Juhl

Er nimmt das Mädchen mit den lustigen Pippi-Langstrumpf-Zöpfen an die Hand und zieht es in Richtung Schulstraße. Maria ruft: „Ich will aber in die Schule!" Doch gegen den Mann mit dem Oberlippenbart kommt die Kleine nicht an. „Die Situation an der Kreuzung Schul-/Rottmeisterstraße ist verbürgt", so Burkhard Jach von der Stendaler Polizeidirektion. „Zwei Schüler haben dort kurz vor 7.30 Uhr Maria Juhl gesehen." Auf Grund der Ermittlungen der Kripo muß sich danach folgendes abgespielt haben:

Der Pockennarbige zerrt das Mädchen weiter. In einer Seitenstraße der Schulstraße parkt sein Pkw oder Kleinbus. Irgendwie bekommt der Mann um die Vierzig Maria dazu, einzusteigen. Es ist 7.45 Uhr.

Der Mann fährt Richtung Fachkrankenhaus Haldensleben, entweder am Bahnhof vorbei oder die Gerikestraße entlang. Eventuell muß er an der geschlossenen Schranke warten. Vermutlich fährt er über die Kanalbrücke in Richtung Süplingen, vorbei am Krankenhaus. Schräg gegenüber vom Eingang befinden sich Telefonzellen und eine Bushaltestelle. Jach: „Vielleicht kann sich jemand, der an der Haltestelle oder in der Telefonzelle stand, an ein Auto mit einem Mann und einem blonden Mädchen erinnern?"

Unmittelbar hinter dem Fachkrankenhaus fährt der Täter links in einen Waldweg, der für Kraftfahrzeuge gesperrt ist. Eine ganze Weile verläuft der Weg parallel zum Zaun der Klinik. Nach knapp drei Kilometern biegt der Entführer auf einen Waldpfad ab.

Er fesselt die Siebenjährige, schleppt sie auf einen Hochsitz und mißbraucht sie dort sexuell. Wie das rechtsmedizinische Gutachten später belegt, geht er dabei so brutal vor, daß eine Unterleibsschlagader des Mädchens verletzt wird und es zu einer starken Blutung kommt. Maria Juhl verliert das Bewußtsein, wenig später ist das Kind tot.

Der Mörder trägt sein Opfer den Hochsitz hinunter. Dabei wird seine Kleidung vom Blut durchtränkt. Möglicherweise steckt er das Kind bereits hier in einen blauen Plastemüllsack.

„Auf Grund der weiteren Fahrstrecke über die Wald- und Feldwege", so Burkhard Jach, „gehen wir davon aus, daß sich der Täter in der Gegend auskannte." Der Mann fährt bis zum Forsthaus Eiche, dann am alten Steinwerk vorbei, durch den Ort Hüsig, bis er auf die Landstraße nach Bebertal trifft. Doch er fährt weder links nach Bebertal noch entgegengesetzt nach Bodendorf, sondern geradeaus den Waldweg weiter. Wenige Meter vor einem ehemaligen Stall biegt er von dem Splittweg ab und fährt nach rechts über eine Wiese bis zu einer Baumreihe. Dahinter liegt, von der Straße kaum einzusehen, eine alte, mit Wasser gefüllte Tonkuhle.

Jach: „Auch das unterstützt unsere These von der Ortskenntnis. Denn unterwegs ist der Täter bereits an zwei Seen vorübergefahren. Doch so versteckt wie die Tonkuhle liegt keiner." Zwar befindet sich in unmittelbarer Nähe eine alte Stallanlage, aber im November 1995 arbeitete dort niemand mehr. Wußte das der Mörder?

144

Das tote Kind wurde am 15. November 1995 in einer gefluteten Tonkuhle bei Bebertal in einem Plastiksack gefunden.

Er nimmt den blauen Müllsack, geht einen abschüssigen Trampelpfad bis zum Ufer hinunter und wirft die Tote ins Wasser. Knapp drei Meter vom Ufer entfernt versinkt der Plastesack. Wie bereits am Tatort läßt der Täter auch an der Tonkuhle Gegenstände zurück, die ihn zweifelsfrei identifizieren könnten.

Der Pockennarbige fährt die Kirschbaumallee bis zur nächsten Gabelung. Vom Haldensleber Stadtzentrum ist er genau 12,2 Kilometer gefahren, als er nach links auf die Landstraße nach Emden einbiegt. Offenbar in Panik stellt er fest, daß er noch Schulranzen, Schirm und den roten Anorak seines Opfers im Auto hat. Etwa 500 Meter vor dem Ortseingang wirft er die Sachen einfach aus dem Wagen.

Von dem Augenblick an, als er Maria auf der Straße ansprach, sind mindestens zweieinhalb Stunden vergangen.

Gegen 12 Uhr fährt ein Förster auf der Landstraße nach Emden. Er sieht Schirm, Ranzen und Anorak auf und neben der Straße liegen. Als er wenig später erneut an der Stelle vorbeikommt und die Sachen immer noch da liegen, hält er und schaut sie sich an. In der Mappe findet er den Namen Maria Juhl und den der Schule. Kurze Zeit später wird das Polizeirevier Haldensleben informiert. Die Beamten erfahren, daß die Siebenjährige nicht in der Schule war.

Burkhard Jach: „Umgehend wurde nach dem Mädchen gesucht. Lautsprecherwagen informierten die Haldensleber, erste Zeugen machten Angaben, wann sie Maria das letzte Mal gesehen hatten."

Drei Zeugen bleiben zum Schluß übrig, die das Kind tatsächlich zwischen 7.20 und 7.30 Uhr auf dem Schulweg gesehen haben. Zum ersten Mal wird der ungepflegte Mann erwähnt. Ein Phantombild wird angefertigt.

Parallel dazu wird mit einem großen Aufgebot nach der Vermißten gesucht. Der Hochstand wird entdeckt. Doch eine folgenschwere Fehleinschätzung erschwert die Ermittlungen: Die Kriminalisten glauben erst, daß es sich bei den Flecken unter dem Hochstand um Tierblut handelt.

Die Suche nach Maria geht weiter, auch in den umliegenden Wasserlöchern. Am 15. November 1995 um 10.30 Uhr gehen Polizeitaucher in die Tonkuhle bei Bebertal. Es ist das 16. Gewässer, das sie absuchen. An einer Angelstelle, nur zwei, drei Meter vom Ufer entfernt, finden die Polizisten den Plastesack mit Marias Leichnam. Die erfahrenen Kriminalisten sehen auf den ersten Blick, daß das Kind Opfer eines Sexualdelikts wurde.

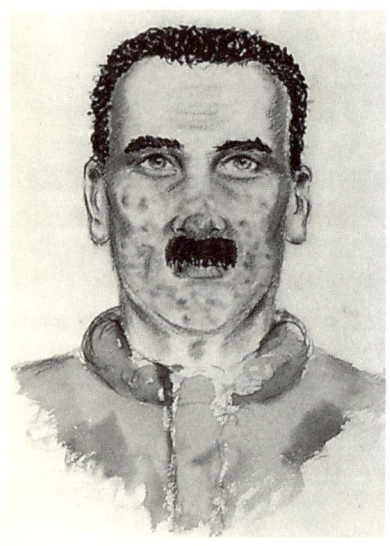

Phantombild des Täters

Inzwischen ist sicher: Der Hochsitz ist der Tatort. Anhand der Blutspuren sowie anderer Beweismittel können sich die Ermittler ein Bild davon machen, was passiert ist. Nach akribischer Arbeit wird der „genetische Fingerabdruck" aus einer Täterspur sichergestellt. Die Kriminalisten haben somit die Möglichkeit, den Täter zweifelsfrei zu identifizieren – nur haben müssen sie ihn.

Die Soko „Maria Juhl", bereits am 4. November gebildet, arbeitet zeitweilig mit 24 Beamten. Sie recherchieren bundesweit. Über 400 Verdächtige werden überprüft, zehn von ihnen gelten als „hochkarätig". Es sind Personen, die ins sogenannte Täterraster passen: Sie haben einen Bezug zu Haldensleben und Umgebung, sind sexuell auffällig und haben mit dem Phantombild Ähnlichkeit. Doch selbst der heißeste Verdacht läßt sich nicht erhärten. Die von Rechtsmedizinern und Kriminaltechnikern ausgewerteten objektiven Beweise entlasten jede der über 400 Personen.

Trotz der Rekonstruktion des mutmaßlichen Weges, den der Täter fuhr, bleibt ab 7.30 Uhr ein großes Loch. „Niemand hat den Täter oder das Fahrzeug danach gesehen, so daß wir auch in puncto Auto völlig im dunkeln tappen", sagt Jach.

Gesucht werden Parallelen zu anderen, ähnlich gelagerten Fällen. Die Vermutung, daß Rolf Diesterweg, der Mörder der zehnjährigen Kim Kerkow aus dem niedersächsischen Varel, auch hier der Täter gewesen sein könnte, ist inzwischen vom Tisch. Überprüft werden zur Zeit noch die Parallelen zum Sexualmord an Nancy Gropler (11) aus Burg, der seit 1986 ungeklärt ist.

Gegenwärtig wird ein Täterpsychogramm angefertigt, von dem sich die Stendaler Polizei neue Hinweise erhofft. Doch es scheint bereits jetzt festzustehen, daß es sich bei dem Pockennarbigen um einen „Schubtäter" handelt, der jederzeit erneut zuschlagen kann. Der Mann setzte sich einem großen Entdeckungsrisiko aus, als er Maria auf der Straße mit sich zog. Ein Fingerzeig für die Ermittler, daß sich der Täter in diesem Moment nicht unter Kontrolle hatte. Hemmungslos reagierte er dann auf dem Hochsitz seinen perversen Trieb ab. Jach: „Es ist nicht auszuschließen, daß sich der Mörder bereits in psychiatrischer Behandlung befand. Auf Grund der ärztlichen Schweigepflicht ist es jedoch oft schwierig, Auskünfte von Kliniken zu bekommen."

Die Polizei ist daran interessiert zu erfahren, ob auf der damaligen Baustelle in der Haldensleber Alsteinstraße eine Person gearbeitet hat, auf die das Phantombild zutrifft. Vielleicht haben Kunden oder Mitarbeiter von Geschäften in der Schulstraße oder einer Seitenstraße einen pockennarbigen Mann mit einem kleinen blonden Mädchen gesehen? Weiterhelfen würden ebenfalls Hinweise zum Kraftfahrzeug, in das der Täter und sein Opfer eingestiegen sind. Auch ABM-Kräfte und Forstleute, die sich in den Waldgebieten zwischen Fachklinik und Emden aufhielten, können vielleicht weitere Informationen geben. Da der Mörder zwischen 9 Uhr und 12 Uhr durch Bebertal gefahren sein muß, könnten auch Beobachtungen in dieser Richtung weiterhelfen. Kam in Haldensleben und Umgebung ein Arbeiter an diesem Tag nicht oder später in die Firma? Fielen jemandem Blutflecken an Arbeitsbekleidung auf? Hat jemand gesehen, daß sich eine Person von Blut gereinigt hat?

Inhaltsverzeichnis

Kapitel 4: Ungeklärte Kriminalfälle aus Sachsen-Anhalt

Die Deutsche Bibliothek - CIP-Einheitsaufnahme

Kaufholz, Bernd:
Tod unterm Hexentanzplatz: spektakuläre Kriminalfälle aus Sachsen-Anhalt/Bernd Kaufholz. – Halle: mdv, Mitteldt. Verl., 1999

ISBN 3-932776-93-3

Fotos und Repros:

Elke Neubert (14), Roland Schödl (12), Uli Lücke (12), Kriminalmuseum Aschersleben (3), Viktoria Kühne (3), Peter Gercke (2), Hartwig Lindner (2), Astrid Siemon (1), Thomas Linßner (1), Lothar Bernick (1), Heinz Oppermann (1), Privat (1).

© mdv Mitteldeutscher Verlag GmbH
Halle 1999
Umschlaggestaltung: Hunger & Hartmann
Printed in Germany